Brigitte Zwenger-Balink

Zum Glück gibt's Oma und Opa

Brigitte Zwenger-Balink

Zum Glück gibt's Oma und Opa

Wie Großeltern Familien stärken und fördern können

JOHN
VERLAG

FSC
www.fsc.org
MIX
Papier aus verantwortungsvollen Quellen
FSC® C083411

Das verwendete Papier für dieses Buch ist FSC®-zertifiziert

1. Auflage

Gerichtsweg 28, 04103 Leipzig

Umschlag: Jule Demel
Umschlagmotiv: © Cathy Yeulet
Satz: Juliane Scherz / colibris, Dresden
Redaktion: Michael John
Lektorat: Sandra Ragg, Michael John
Druck und Bindung: CPI books GmbH, Leck

Printed in Germany
ISBN 978-3-96384-040-1

http://www.john-verlag.de

Dieses Buch ist auch als E-Book erhältlich
(ISBN 978-3-96384-042-5).

Dieses Buch ist auch als Audio-Book erhältlich
(ISBN 978-3-96384-032-6).

Friede

»Bloß keinen Zank und keinen Streit!«

Das heißt auf Englisch ganz einfach **PEACE**
und auf Französisch **PAIX**
und auf Russisch **MIR**
und auf Hebräisch **SHALOM**
und auf Deutsch **FRIEDE** oder:

**»Du komm' lass uns
zusammen spielen,
zusammen sprechen,
zusammen singen,
zusammen essen,
zusammen trinken,
und zusammen leben
damit wir leben.**

Josef Reding

Inhalt

Vorwort

Oma und Opa zu sein, ist ein wahres Glück, weil es uns unverdient widerfährt, wie ein Geschenk. Es ist die große Freiheit von den Pflichten der täglichen Erziehung. Ohne, dass ihnen dies klar ist, stellen Kinder jeden Tag ihre Mütter und Väter auf die Probe, um herauszufinden, ob sie gute Erzieher sind und alles richtig machen, gerade dann, wenn sie selbst etwas falsch machen. Großmütter und Großväter hingegen werden von ihren Enkeln nicht auf ihre Befähigung zum Erzieher geprüft, obwohl sie genau das trotzdem sind. Doch im Gegensatz zu den Eltern nehmen sie diese Rolle freiwillig und immer nur vorübergehend ein. Omas und Opas verzeihen ihren Enkelkindern gerne, wenn diese etwas falsch machen. Sie dürfen nämlich auch selbst etwas falsch machen. Kein Enkel nimmt ihnen das übel, weil sie plötzlich mit ihren Großeltern in einem Boot sitzen und eine verschworene Gemeinschaft bilden, vergleichbar mit Seeräubern.

Die große Freiheit, Großeltern zu sein, macht Freude, meistens auch den Enkeln. Der Opa darf ein »Quatsch-Opa« sein – so nennen mich meine eigenen Enkel. Er darf alle möglichen Tiere nachmachen, auch Motorräder, die in einen Hühnerhof fahren und dort ein vielstimmiges Konzert auslösen. Quakende Enten und gackernde Hühner, grunzende Schweine, blökende Schafe und muhende Kühe sind sehr beliebt. Der Bildungswert der Nachahmung ist nicht zu verachten, weil ja alles Lernen letztlich Nachahmung ist und deswegen früh und spielerisch geübt werden sollte. Der Opa mit seiner Bauernhof-Erfahrung kann erklären, dass Kühe nicht einfach einfältig immer nur einen einzigen Ton muhen, sondern eine Quint singen, also Intervalle, mit denen auch eine Oper von Richard Wagner beginnt. Opa und Oma dürfen Grimassen schneiden und alles tun, was die Eltern nicht ständig tun sollten, weil es ihre Autorität untergraben könnte.

Natürlich ist die große Freiheit der Großeltern nicht grenzenlos. Es gibt Bedingungen, die unbedingt eingehalten werden sollten. Eine der wichtigsten ist, dass Oma und Opa ihre eigenen Kinder, die nun selbst Eltern sind, nicht weiter erziehen sollten. Ratschläge sind zwar oft gut gemeint, meistens jedoch weder wirklich gut noch willkommen. Die Hilfe bei der Betreuung der (Enkel-)Kinder, die gewährt wird, sollte bedingungslos sein. Doch die Großeltern sollten sich nicht in das Geschäft der Erziehung einmischen, nicht nur deswegen, weil es Unfrieden stiftet, sondern auch, weil es sinnlos ist, den Enkeln schadet und die eigenen Kinder verstimmt. Der Takt der Großeltern, ihre privilegierte Lage nicht auszunutzen, setzt eine gewisse Selbsterziehung, Zurückhaltung und Bescheidenheit voraus. Wir sollten uns als Großeltern daran erinnern, dass wir als Eltern mit unserer eigenen Kunst, Kinder zu erziehen, nicht immer glänzten.

Prof. em. Dr. Wilhelm Vossenkuhl

Philosoph und Großvater von sechs Enkeln im Alter zwischen zwei und zwölf Jahren

Einleitung

Kurz vor der Fertigstellung des Buches erreicht mich/uns die Krisensituation durch die Corona Pandemie. Welche Herausforderung für alle Großeltern, denn genau diese Generation hat es besonders betroffen. Sei es, dass plötzlich alle sozialen Kontakte wegfielen, der Kontakt mit der Familie oder den Enkelkindern war nicht mehr möglich oder wir Großeltern zu einer besonders gefährdeten und zu schützenden Gruppe gehörten. Wie wichtig Oma oder Opa für den Kontakt oder die verlässliche Betreuung der Enkelkinder waren und sind, das haben die jungen Eltern sehr drastisch erfahren. Und nun sind Sie gerade Großeltern geworden oder Sie erwarten in Kürze Ihr erstes Enkelkind? Und darauf freuen Sie sich natürlich sehr? Dann haben Sie eine besondere Krisenzeit zu meistern, denn es gilt die völlig neuen Aufgaben der Pandemie Zeit zu bewältigen, neben den ganz normalen Überlegungen, die die Großelternzeit mit sich bringt. Meistens stellen sich angesichts der Nachricht, dass ein Enkelkind unterwegs ist, eine ganze Reihe von Gefühlen, Gedanken und natürlich auch Fragen ein. Welche Veränderungen stehen an und wie wird sich die ganze Familie entwickeln? Wie war das noch damals bei mir, bei uns? Wahrscheinlich erinnern Sie sich zurück an die Zeit, als Sie selbst junge Eltern waren. Es ist Jahre her! Und selbst wenn Sie schon ein oder gar mehre Enkel haben, kann es immer wieder mal sein, dass es eine Situation in Ihrer Familie gibt, die besondere Fragen aufwirft. Egal, ob die Enkel noch ganz klein, ob sie schon Schulkinder oder Heranwachsende sind, es bleibt spannend. Großeltern zu sein ist etwas ganz Besonderes! Eine Erfahrung, die oft Anlass für viel Glück und Freude ist – und manchmal auch für Sorgen. Ich habe selber vier Kinder und drei Enkelkinder, also einige Erfahrungen gesammelt, und dennoch sehe ich mich immer wieder neuen Herausforderungen gegenüber.

Mein Ziel beim Schreiben dieses Buches war es, viele verschiedene Wege aufzuzeigen, wie die Ressourcen und Stärken in Familien erkannt und genutzt werden können. Sogar in der Corona-Krise hat es sich gezeigt, wie vielfältig ganz neue kreative Ideen umgesetzt werden können. So zum Beispiel, wenn Großeltern mit den Enkel via Skype oder Zoom lernen oder Hausaufgaben machen! So ist ein Ziel des Buches, diejenigen zu erreichen, die gerade schwierige Situationen meistern müssen. Ich hoffe, dass Sie bei den lösungsorientierten Ideen etwas für sich und Ihre Familie finden, was Ihnen hilft und Sie stärkt. Mein Wissen aus dem beruflichen Kontext und die vielfältigen Erfahrungen, die ich in meiner eigenen Familie sammeln konnte, sind in dieses Buch eingeflossen. So bringe ich aus meiner Arbeit als Familientherapeutin im Kinderschutz-Zentrum München die Erfahrungen mit Familien in schwierigen Lebens- und Krisenphasen ein. Viele Ideen zu kreativen Konfliktlösungen stammen aus der Konzeption und der jahrelangen Leitung des Projekts »Komm, wir finden eine Lösung! Prävention und Konfliktlösungen in der Schule«. Auch Erlebnisse aus meiner Mediationstätigkeit in Grundschulen fließen in dieses Buch ein, ebenso wie Erfahrungen, die ich in meinen Kursen »Starke Großeltern – starke Kinder« sowie »Starkes Miteinander – Großelternkurs des Deutschen Kinderschutzbundes« gesammelt habe. Immer wieder geht es um individuelle Streitlösungsmöglichkeiten, die auf positiven, wertschätzenden und lösungsorientierten Haltungen basieren.

Im Mittelpunkt dieses Buches steht das Thema Familienfrieden: Was hat Frieden mit der Familie zu tun? Und was können Großeltern zum Familienfrieden beitragen? Wie gestalten sie Frieden in den Familien und was braucht es, damit er gelingt? Wie sieht ein gutes Miteinander aus und wie regeln wir unsere Konflikte und daraus entstehende Streitigkeiten? Lösungsorientiert spüren wir alles auf, was Mut macht und was stärkt.

So versuche ich Sie dazu anzuregen, dass Sie herausfinden, was in Ihrer Familie alles gut läuft und bestens funktioniert. Das stärkt und hilft dabei, aktuell anstehende Schwierigkeiten zu meistern. Für Probleme gilt es gute Lösungen zu finden, und seien Sie versichert: Es gibt immer mehrere Lösungen. So lautet dann auch das Motto, das mein Leben und meine berufliche Tätigkeit leitet: »Komm, wir finden eine Lösung!«

Sie finden auf den folgenden Seiten Anregungen und Antworten auf Fragen, die sich um das Thema »Großeltern« ranken. Da jede Familie ganz individuell und besonders ist, gibt es kein einfaches Patentrezept. Die Hauptsache ist, Sie finden eine für Sie passende Lösung, die Ihnen weiterhilft. Sie wählen und probieren aus. Einige meiner Vorschläge kommen Ihnen vielleicht vertraut vor, eventuell erkennen Sie sich in der einen oder anderen Situation auch selbst wieder – und bemerken dann erstaunt, dass einige Probleme viel leichter zu lösen, sind als Sie es zunächst vermuten.

Dieses Buch soll Sie begleiten auf der spannenden Reise in das Großeltern-Sein.

1 Großeltern heute – eine besondere Generation

Wissen Sie, dass Sie zu einer ganz besonderen Generation von Großeltern gehören? Heutzutage ist Großelternschaft für viele *die* positiv besetzte Rolle des Alters schlechthin. Sie ist gesellschaftlich allgemein sehr akzeptiert, ist beliebt und bringt lebendige Erfahrungen! Viele Großeltern bestätigten mir in Gesprächen, dass das Großelternsein für sie eine stärkende Wirkung hat, sie gesund und fit hält.

Die typische Großmutter oder den typischen Großvater früherer Zeiten gibt es eher selten. Viele Großeltern stehen noch voll im Berufsleben und gestalten ihr Leben aktiv. Auch im Ruhestand bleiben viele Senioren weiterhin sehr unternehmungslustig. Sie reisen häufig, pflegen Hobbys und nehmen an Bildungsveranstaltungen und Fitnessprogrammen teil. Viele engagieren sich dazu ehrenamtlich in den unterschiedlichsten Bereichen. Rein optisch sehen die heutigen Großeltern anders aus als die vorherigen Großelterngenerationen. Die Oma heute trägt oft Jeans und ist bunt gekleidet; sie hat eine Kurzhaarfrisur und wirkt selbst mit weißem Haar fit und unternehmungslustig. Der Opa mit Pfeife und Spazierstock ist heute noch ab und zu sehen, doch ebenso treffen wir Großväter, die sportlich mit dem Rennrad unterwegs sind oder im Stadtpark joggen. Die gesamte moderne Großelternschaft ist aktiv und mobil, außerdem flexibel und belastbar. Sie fühlt sich jünger, als es ihre Eltern im gleichen Alter taten. Die meisten Großeltern sind medizinisch gut versorgt und pflegen einen bewusst gesunden Lebensstil.

Eine wunderbare Anregung zum positiven Älterwerden, sind die »Vier Ls«: Laufen, Lernen, Lieben und Lachen. Anschaulich beschreibt der Autor Otfried Höffe sie in seinem Buch *Die hohe Kunst des Alterns.*[1] Zum ersten L wie Laufen gehört jede Art von Bewegung, die körperlich beweglich und fit hält. Zum zweiten L, dem Lernen, gehört alles, was im weiteren Sinne mit dem Thema Weiterbildung und lebenslangem Lernen zu tun hat. Das dritte L, das Lieben, umfasst alle sozialen Beziehungen, wie die Partnerbeziehung, Familie oder auch Freundschaftsbeziehungen. Das vierte L steht für Lachen und Freude, Wohlfühlen und Lebenslust.

Ein besonderes Merkmal unserer Generation ist die Tatsache, dass es so viele Großeltern gibt wie noch nie! Die Tendenz ist steigend. Die demografischen Veränderungen führen dazu, dass, bedingt durch eine deutlich höhere Lebenserwartung, in unserer Gesellschaft mehr ältere Menschen leben, als es in früheren Zeiten der Fall war. Viele Teenager haben die Chance, mehrere ihrer Großeltern zu erleben. So kann es sein, dass die Enkel alle vier Großeltern, also je zwei mütterlicherseits und väterlicherseits, haben. Ja, manche Kinder bekommen sogar noch »Bonusgroßeltern« dazu, wenn man die Patchwork-Familien mit neuen Partnern und neuen sozialen Großeltern dazurechnet.

Manche werden relativjung zu Großeltern, andere warten dagegen lange und sehnsüchtig auf ein Enkelkind. Die Großelternschaft kann also in ganz unterschiedlichen Lebenszeiten eintreten.

Mit **50 Jahren** ((oder sogar früher) Großeltern zu werden, fällt für viele Frauen und Männer in die Lebensphase, in der sie noch berufstätig sind, meist in Vollzeit und voller Engagement. Diese Großeltern sind dann die sogenannten »jungen Alten«. Die zentralen Themen in dieser Zeit bestehen

---

1 Höffe, Otfried: ***Die hohe Kunst des Alterns. Kleine Philosophie des Älterwerdens***, München 2019

darin, die Möglichkeiten und die Grenzen für die Unterstützung der Elternfamilie mit dem Enkelkind auszuloten.

Werden Eltern mit etwa **60 Jahren** Jahren Großeltern, dann befinden sie sich möglicherweise schon in der Übergangszeit vom Beruf zum Ruhestand. Diese Lebensphase will bewältigt und neu gestaltet werden. Sei es, dass es eine große Erleichterung ist, den Beruf aufzugeben, oder dass es sehr schwerfällt, dies zu tun. Es gilt, das »Unternehmen Zukunft« neu zu gestalten. Durch die Geburt der Enkel kommt es dann zu einer neuen Rolle mit neuen Aufgaben.

Wenn Sie mit **70 Jahren** Großeltern werden, haben Sie sich bereits an Ihr Dasein als Rentner oder Pensionär gewöhnt, und es hat sich meist alles schon gut eingespielt. Körperlich können sich in diesem Alter erste kleinere Einschränkungen einstellen. Doch Untersuchungen haben ergeben, dass Jugendliche oder jüngere Enkel ganz allgemein die Omas und Opas fit halten. Für viele sind die Enkelkinder willkommene neue Familienmitglieder, die intensive emotionale Beziehungen anbieten.

Großeltern sind gegenwärtig mit einigen Veränderungen in unserer postmodernen Gesellschaft konfrontiert. Die Familienformen zeigen eine bunte Vielfalt: So gibt es die traditionelle Ehe (Vater, Mutter, Kinder(er)), es gibt gleichgeschlechtliche Paare und einen sehr hohen Anteil von Paaren, die in einer (eheähnlichen) Lebensgemeinschaft leben. Durch die große Anzahl von Paaren mit Kindern, die sich trennen oder scheiden lassen, gibt es zahlreiche alleinerziehende Eltern oder auch neue Konstellationen wie die sogenannten Patchwork-Familien mit einem biologischen und einem sozialen Elternteil. Die Scheidungsquote (Statistik von 2016) liegt inzwischen bei 46 Prozent, das bedeutet, dass fast jede zweite Ehe geschieden wird. Laut dem Statistischem Bundesamt lag die Quote im Jahr 1960 noch bei zehn Prozent.

Zur Vielfalt heutiger Lebensformen gehören auch alle binationalen Familienverbindungen, also etwa Familien mit einem deutschen und einem ausländischen Elternteil. In diesen Familien treffen verschiedene Kulturen aufeinander. Die Kinder verbinden beide familiären Wurzeln.

Verändert hat sich auch der Anteil von Frauen, die als Mütter wieder berufstätig sind. Es ist inzwischen der Normalfall, dass die Mütter relativ bald nach der Geburt eines Kindes wieder arbeiten, manchmal in Vollzeit, oft in Teilzeit, um Familie und Beruf besser vereinbaren zu können.

Eine weitere gravierende Veränderung, die uns Großeltern besonders betrifft, sind die sich wandelnden Erziehungsformen. Diese entwickelten sich von autoritären über die antiautoritären Strukturen hin zu ausgeprägt partnerschaftlichen Formen. Begriffe wie die Gleichwertigkeit oder Gleichwürdigkeit (diesen Begriff prägte der dänische Familientherapeut Jesper Juul) aller Familienmitglieder, also von den Kindern und den Erwachsenen, sind von zentraler Bedeutung. Ich plädiere in meiner Tätigkeit als Familientherapeutin dafür, dass Kinder ernst genommen werden, wir ihre Grenzen und Integrität achten und sie respektiert müssen.

Die Kinder haben in diesen Familien ganz selbstverständlich eine starke Position. Sie werden früh dazu ermutigt, eigene Meinungen zu äußern und diese angemessen zu vertreten. Somit sind die Enkelkinder anders sozialisiert als frühere Generationen von Kindern. Sie hinterfragen Anweisungen und akzeptieren gesetzte Grenzen nicht einfach, sie wollen Erklärungen. Diese Verhaltensweisen machen es erforderlich, dass Sie als Großeltern sehr klar und authentisch reagieren. Damit stärken Sie Ihre Position und das Selbstwertgefühl der Kinder. In solchen Situationen ist ein konstruktiver Umgang miteinander gefragt; es ist zielführend, wenn die Kinder einbezogen werden.

Dies wirft ein Menge Fragen auf. Sie merken schon, damit Familien- und Generationsbeziehungen gelingen können, müssen Antworten auf viele Fragen gefunden werden!

Zur Zeitgeschichte – was uns prägte

Um die jetzige Großelterngeneration zu verstehen, ist der geschichtliche Kontext wichtig, der sie geprägt hat. Die heutigen Großeltern sind überwiegend in der Nachkriegszeit geboren, einige vielleicht auch noch während des 2. Weltkriegs. Sie haben als Kinder die Kriegs- oder Nachkriegszeit erlebt, eine Zeit, in der das ganze Land und die Gesellschaft im Umbruch waren. Viele Familien haben Not und Flucht oder den Tod von Angehörigen erlebt. Alle heutigen Großeltern hatten Eltern, die vom Krieg gezeichnet waren. Die Jahre bis 1949 waren geprägt von Mangel und Chaos, und die folgenden 50er-Jahre durch Verschleierung und Restauration. In den 60er-Jahren folgte der Versuch eines Neuanfangs, der mit großen gesellschaftlichen Umbrüchen einherging. Um die Ereignisse während des Nationalsozialismus besser verstehen zu können und gleichzeitig auch, um die Verdrängung der Geschehnisse zu verhindern, stellten viele Söhne und Töchter Fragen an ihre Eltern: »Was ist geschehen und was habt ihr während der NS-Zeit getan?« Eine direkte Aufarbeitung der Kriegsgeschehnisse hatte damals noch nicht begonnen. Aus der heutigen Trauma-Forschung wissen wir, dass die Folgen von Traumata regelrecht vererbt werden können, sodass sie auch die nachfolgenden Generationen noch beeinflussen. Viele der heutigen Großeltern hatten Väter und Mütter, die durch ihre Erlebnisse im Krieg traumatisiert wurden (etwa Gefangenschaft, Flucht, Vergewaltigung, Entbehrung und Hunger).

Solche Erfahrungen wirkten in den Familienalltag und führten oft zu elterlichem Verhalten, dass den Kindern unverständlich war. So bestanden zum Beispiel viele Eltern vehement darauf, dass die Kinder ihren Teller leer essen mussten, dabei fehlten Erklärungen und Einfühlungsvermögen gegenüber den Kindern. Wir wissen heute, dass viele von unseren Eltern im Krieg Hunger litten. Doch in der Nachkriegszeit kam es nur selten zu offenen Gespräche über solche Erfahrungen, über die Vergangenheit wurde der Mantel des Schweigens gelegt.

Doch die Generation der heutigen Großeltern sind nicht nur die »Erben« der Kriegsfolgen, sondern auch die Erben des Wirtschaftswunders und des folgenden Wohlstands der Nachkriegszeit. Die junge Generation damals versuchte sich aus der Enge der autoritären Strukturen zu befreien. Sie suchten intensiv nach positiven Veränderungen und erstrebenswerten Zielen, nach Freiheit und Selbstbestimmung. Die Jugend rebellierte, sie wollte Neues wagen und ihr Leben umgestalten. Ein Ziel war es, möglichst schnell aus dem Elternhaus auszuziehen, am liebsten in Wohngemeinschaften oder Kommunen. Die Normen und strengen Vorgaben der Elterngeneration wurde hinterfragt und oft abgelehnt. Die Kinder der Nachkriegskinder wuchsen in einer besonderen, quasi doppelten Realität auf. Sie erkannten und erlebten einen Teil ihres Daseins in der sichtbaren Welt und erspüren den tabuisierten Teil aus der unsichtbaren Welt, mit allen Nöten und Ängsten der Erwachsenen. Dies beschreibt mit vielen Beispielen die Autorin Sabine Bode in ihren Büchern über die Nachkriegszeit.[2]

---

2 Bode, Sabine: ***Nachkriegskinder. Die 1950er Jahrgänge und ihre Soldatenväter***, Stuttgart 2006

Trotz vieler ähnlicher Erfahrungen einer ganzen Altersgruppe, die bestimmend für diese Generation waren, sind die individuellen Schicksale und die Verarbeitung bei den einzelnen Menschen ganz unterschiedlich. Die einen versuchten sich in freier und wechselnder Wahl der Partnerinnen oder Partner, andere gründeten ganz traditionell eine Familie. Von den Erziehungsvorstellungen der Eltern distanzierten sich damals die meisten jungen Eltern und probierten stattdessen für ihre Kinder die antiautoritäre Erziehungshaltung und alternative Kinderläden aus. Ein neues Lebensgefühl entwickelte sich, es war die Zeit der Studentenbewegungen, der Entstehung einer Popkultur und vor allem die Zeit der Revolte gegen alle Konfessionen und generell Althergebrachtes.

Die vielen Freiheiten führten jedoch auch zu vielen Unsicherheiten: Wie gestalten wir dies? Wie machen wir das? Was ist gut? Was nicht? Was bisher galt, was klar war und feststand, galt nicht mehr oder wurde infrage gestellt. »Wir wollen es anders machen als unsere Eltern« oder »Unsere Kinder sollen es besser haben als wir« waren damals Leitsprüche, und zum Teil gelten sie noch heute. So entstand ein Bedarf nach Orientierung und Ratschlägen für alle Lebenslagen – der Anfang der Ratgeberliteratur, die seither mit unzähligen Titeln zu allen Paar- und Familienfragen, zur allgemeinen Lebensgestaltung und zu sämtlichen Erziehungsfragen auf den Markt gekommen ist.

Die heutigen Großeltern sind diese jungen Erwachsenen von damals. Nun sind sie »in die Jahre gekommen« und Angehörige jener Generation, die überlegt, welche ihrer Traditionen und Wertvorstellungen, die sie aktiv mitgestaltet haben, sie weitergeben wollen. Es stellt sich die Frage, wie wir es schaffen, unsere Familien zu »befrieden«. Wie wir die Kriegs- und Nachkriegserfahrungen in unseren Familien oder auch andere »Altlasten« besprechen, wie wir ihnen und anderen

Themen, die uns aufgrund unserer Biographien beschäftigen, offen Raum geben und Dialoge möglich machen. Viele Enkelkinder wollen noch mal mit den »Alten« ins Gespräch kommen, um vergessene Familienbiografien zu erschließen und damit Wege zum versöhnlichen Befrieden zu finden!

Es zeigt sich heute, dass sich die Beziehungen zwischen den Generationen sehr verändert haben. Eltern, die jetzt Großeltern werden oder es schon sind, haben zu ihren erwachsenen Kindern meist ein nahes und eher ausgeglichenes Verhältnis. Insgesamt kommt man relativ gut miteinander aus (Ausnahmen bestätigen die Regel!). So wohnen die erwachsenen Kinder lange bei den Eltern und sind finanziell auch von diesen abhängig. Nach Ausbildung und Karrierebeginn, wenn unsere Kinder Nachwuchs bekommen, rücken wir erneut als wichtige Bezugspersonen, nämlich als Großeltern, in den Fokus. Darüber hinaus sind viele junge und berufstätige Eltern oder alleinerziehende Männer und Frauen auf die Hilfe und Unterstützung bei der Betreuung der kleinen Kinder angewiesen. Und damit kommen wir zu einem sehr zentralen Thema, denn ganz viele Großeltern übernehmen die Aufgabe, ihre kleinen Enkel zeitweise zu betreuen.

Dass sich die Großelternzeit über einen Zeitraum von 20 Jahren und mehr hinziehen kann, eröffnet uns die Chance auf eine lange gemeinsame Lebenszeit mit den Enkelkindern. Diese Zeit können Sie als Großeltern mit den Enkeln gestalten und diese Beziehungen genießen. Viele Erfahrungen, die Sie gemacht haben, können als »Schatz« an die Enkelgeneration weitergegeben werden.

Großeltern werden: Die Geburt des Enkelkinds

»Ich werde Oma! Ich werde Opa!« Großeltern werden ist das natürlichste und schönste auf der Welt, und so überwiegt in den ersten spontanen Reaktionen der werdenden Großeltern meist die Freude.

O-Ton: *»Ich habe mich von Anfang an gemeinsam mit meiner Tochter auf das Kind gefreut«, erzählt eine Großmutter. »Ich stellte mir vor, was mir während meiner Schwangerschaft alles gutgetan hatte, und das habe ich mit meiner Tochter geteilt. So machten wir unter anderem eine Woche Urlaub am Meer. Meine Tochter war noch im Studium und ich voll berufstätig, da mussten wir gut planen. Gemeinsam haben wir auch die Komplikationen nach der Geburt gut überstanden und Mutter und Kind gepäppelt.«*

Ein Großvater mit einem drei Monate alten Enkelsohn schwärmt: »Ich selbst und meine Frau, wir waren so angespannt, dass wir furchtbar losgeheult haben, als die gute Nachricht der Geburt unseres Enkels kam. Bei mir ist es so eine Mischung von Stolz und Glück, schwer zu beschreiben. Ich bin jetzt schon ziemlich in das Kind vernarrt. Es ist supersüß, wiegt 3600 Gramm und misst 53 Zentimeter – ein Prachtkerl.«

Ja, es ist aufregend und spannend, wenn wir erfahren, dass wir Großeltern werden. Freude, Überraschung und Glück überwiegen, manchmal stellen sich auch gemischte Gefühle ein. Einige warten Jahre darauf, dass sie endlich einen Enkel bekommen, und den anderen kommt es viel zu schnell vor. Wie früh das erwachsene Kind uns als Eltern informiert, dass ein Kind unterwegs ist, variiert individuell sehr: Die einen werdenden Eltern erzählen es gleich, und andere warten lieber die ersten drei Monate ab, um sicher zu sein, dass in der Frühschwangerschaft alles gut verläuft.

Großeltern sind meist ergriffen, erstaunt und manchmal vielleicht auch unsicher, wenn sie ihr neugeborenes Enkelkind das erste Mal in den Armen halten.

O-Ton: *Eine Großmutter erzählt: »Ich war sehr gerührt, als ich dieses kleine Wesen, mein erstes Enkelkind, das erste Mal am Tag nach der Geburt im Arm hielt. Mit großen dunklen Augen hat mich das kleine Mädchen angesehen, und mir stiegen vor Glück die Tränen in die Augen.«*

Die Geburt eines Kindes bedeutet für das Paar, dass sie nun die Rolle der Mutter und des Vaters übernehmen. Für Sie als die Eltern der werdenden Eltern gilt es jetzt, in die Großelternschaft zu kommen und sich mit dieser Rolle sowie den Aufgaben, die möglicherweise mit ihr verbunden sind, zu beschäftigen. Die Geburt eines (Enkel-)Kindes bringt für alle Familienmitglieder Veränderungen mit sich, denn sie führt zu ganz neuen Generationenbeziehungen: Eltern – Großeltern – Enkelkinder. Damit beginnt die Drei-Generationen-Beziehung, und in heutiger Zeit ist es sogar gut möglich, dass die Urgroßeltern noch leben und so eine Vier-Generationen-Familie entsteht.

Viele von uns erinnern sich an die Geburt und das Aufwachsen der eigenen Kinder. Da ist ein Austausch mit den zukünftigen Eltern eine an- und aufregende Sache.

O-Ton: *»Wir haben uns so gefreut. Wir haben gleich die alten Fotoalben herausgesucht und uns gemeinsam die Bilder angeschaut und Geschichten dazu in Erinnerung gebracht«, erzählt ein Großvater.*

»Ich habe die Mütterpässe meiner Kinder aufgehoben, und die haben wir hervorgeholt und eingehend studiert«, berichtet eine werdende Großmutter. »Die erwachsenen Töchter waren sehr interessiert, und die werdende Mama hat intensiv nachfragt. Sie wollte alles ganz genau wissen, wie es damals war.«

Viele von Ihnen werden sich an Ihre eigene Familienzeit erinnern, und vielleicht haben Sie sogar noch »Schätze« aus der Babyzeit Ihrer Kinder aufgehoben. Das berühmte »Erstlingsjäckchen« etwa, die Wickelkommode oder den Stubenwagen. Viele der werdenden Eltern freuen sich sehr über solche Erinnerungsstücke, doch nicht immer gefallen die alten Sachen, und von manchen werdenden Eltern werden sie als altmodisch abgelehnt.

Dies sind oft erste Herausforderungen für Sie als die werdenden Großeltern, die den Familienfrieden gefährden können. Wie gelingt es, achtsam, zurückhaltend, vorsichtig und sensibel zu sein? Denn bei falschen Reaktionen passiert es allen Beteiligten sehr schnell, dass sie beleidigt reagieren und ärgerlich werden. In dieser Situation – sowie in allen ähnlichen Konflikten – können die folgenden Tipps hilfreich sein.

i

TIPP

- Zurückhalten – erst mal tief durchatmen.
- Distanz halten und sich Zeit zum Nachdenken nehmen.
- Aktiv zuhören! Verstehen und, wenn möglich, akzeptieren.
- Verschiedene Ansichten und Meinungen neutral austauschen.

Einige Großeltern, die sowohl eine Tochter als auch einen Sohn haben, berichteten, dass sie es ganz unterschiedlich erlebten, ob die Tochter ein Kind bekam oder ob es die Schwiegertochter war. Mit der Tochter, so wurde mehrfach bestätigt, gibt es viel mehr Nähe und häufiger Kontakt. Mit der Schwiegertochter ist es oft nicht so einfach und leicht, denn sie pflegt eher den Kontakt zu ihren eigenen Eltern. Viele von uns machen (oder machten) genau diese Erfahrungen und wissen, wieviel Verständnis nötig ist, um in so einem Falle besonders achtsam miteinander umzugehen. Manche Lebensumstände fördern jedoch auch den nahen Kontakt zum Schwiegerkind. So passierte es einem Großvater, dass seine Schwiegertochter auf seine Hilfe angewiesen war:

O-Ton: *Der Großvater einer fünf Monate alten Enkelin erzählte: »Am Silvesterabend kommt der Anruf meiner Schwiegertochter: ›Kannst du mich bitte gleich in die Klinik fahren?!‹ Ich war der Einzige, den sie erreichen konnte und der nicht beim Feiern war. Mit gemischten Gefühlen und voller Aufregung gelang die Fahrt zur Klinik ohne Probleme. Die kleine Enkelin kam tatsächlich noch in der Silvesternacht, drei Wochen vor dem Termin, gesund zur Welt. Ich war so stolz, dass alles gut gelaufen war und ich helfen konnte.«*

Diese Geschichte wird in der betreffenden Familie sicher zu jedem Geburtstag der Enkeltochter wieder hervorgeholt werden. Kinder lieben es, wenn ihnen Geschichten »von früher« erzählt werden, als sie selbst oder ihre Eltern noch klein waren. »Wie war es denn, als Mama und Papa noch kleine Kinder waren?«– so fragen viele Enkel ihre Großeltern nach Begebenheiten aus der Familiengeschichte.

Neue Rolle, neue Aufgaben

Noch bevor wir über die neue Rolle und die möglicherweise mit ihr verbundenen Aufgaben sprechen, stellt sich die Frage: Wie möchte ich eigentlich genannt werden? »Großmama« und »Großpapa« oder »Oma« und »Opa«? Oft braucht es in Familien ja auch noch die Unterscheidung zu den »Schwieger-Großeltern«: »Omi und Opi« oder »Oma Gitte und Opa Tom«? In binationalen Familien gibt es zusätzlich die Möglichkeit, Bezeichnungen aus dem anderen Sprachraum zu wählen, also etwa das italienische »Nonna« und »Nonno« oder »Abuela« und »Abuelo«, wie unsere spanische Enkeltochter ihre Großeltern nennt – und uns eben einfach Oma und Opa. Bei den griechischen Großeltern heißt die Oma »JaJa« und der Opa »Babusch«. Dazu überrascht uns immer wieder die Kreativität der Enkelkinder, die auf ganz wundersame eigene Kreationen wie die »Grosis« oder die »Moma« (aus »Mama« und »Oma«) kommen.

Nachdem die Frage der Bezeichnung geklärt ist, geht es um die Rolle als Großmutter oder Großvater. Die bekommen Sie, einfach so, denn Ihre soziale Position ändert sich durch die Geburt des Enkelkindes. Hier steht also ein signifikanter Rollenwechsel für Sie an! Zu Ihrer Elternrolle, die Ihnen bleibt, bekommen Sie auch noch die Großeltern-Rolle. Heute ist die Rolle der Großeltern eine der angesehensten Rollen des Alters. Sie gewinnen in Ihrer neuen Position an Bedeutung, und Sie haben die Möglichkeit, eine neue Funktion nach Ihren Vorstellungen zu erfüllen. Darüber hinaus gewinnen Sie neue soziale Kontakte und familiäre Beziehungen zu den Enkelkindern dazu. Natürlich sind mit der Rolle der Großmutter oder des Großvaters Erwartungen, Ansprüche und manchmal auch ganz bestimmte Handlungs- und Verhaltensmuster verbunden. Berichten Familien über die Aktivitäten der Großeltern, hört man sehr unterschiedliche Dinge. Einige erzählen, dass die Rollenverteilung ganz klar ist: Der Opa unternimmt mit den Enkeln die außerhäuslichen Unternehmungen, während die Oma mit ihnen zu Hause bleibt und mit den Enkelkindern kocht oder bastelt. Andere Familien haben die gegenteilige Rollenverteilung: Da kocht der Opa leidenschaftlich gerne mit den Enkeln, während die Oma mit ihnen Ausflüge unternimmt. Es kann sein, dass es einen Opa nicht stört, wenn das Baby schreit; andere fühlen sich dann hilflos und geben das Kind sehr schnell in die Obhut der (Groß-)Mütter.

O-Ton: *Eine Großmutter berichtet: »Einmal in der Woche versorgen wir am Nachmittag unsere Enkelkinder. Den Kleinen holt der Opa vom Kindergarten ab, und der Große kommt dann etwas später aus der Schule. Ich koche in der Zwischenzeit und nach dem Essen gehen wir spazieren. Wenn das Wetter schlecht ist, dann spielen wir gemeinsam zu Hause. Es ist eine schöne Aufgabe für uns, diesen Wochentag mit den Enkeln zu haben. Wir genießen es und nehmen so teil am Kindergarten- und Schulleben der Kinder.«*

Wussten Sie, dass Großeltern diejenigen Personen aus dem Familienkreis sind, die von den Enkelkindern mit den positivsten Werten assoziiert werden? Großeltern gelten für viele Enkel als geduldig, erfahren, sie sind in der Regel besonnen, haben mehr Zeit als die berufstätigen Eltern und sind cool und einfach entspannter. Das könnten für Sie als »neue« Oma und »neuer« Opa möglicherweise erstrebenswerte Ziele sein. Oder trifft es schon auf Sie zu? Wie kann es gelingen, dass unsere Enkel uns so positiv bewerten? Vielleicht hat es damit zu tun, dass wir es, wenn wir Großeltern geworden sind, als Erleichterung erleben, nicht mehr in der Pflicht zu sein und mit allen Konsequenzen alleinverantwortlich erziehen zu müssen. Denn das ist die Aufgabe der Eltern! Wir können unsere Enkelkinder als wunderbare Bereicherung erleben. Wie schön, wenn die Enkelkinder ihre Oma und ihren Opa lieben und gerne mit ihnen Zeit verbringen – das ist dann Großelternglück pur!

Großeltern sind mittlerweile auch in den Fokus des wissenschaftlichen Interesses gerückt. So hat beispielsweise der Schweizer Soziologe François Höpflinger[3] die Beziehungen zwischen Großeltern und ihren Enkelkindern untersucht. Viele Enkelkinder betonen immer wieder, wie sehr sie es genießen, dass die Großeltern Zeit für sie haben. Großeltern gelten als verlässliche Bezugspersonen – außerhalb der Eltern-Kind-Beziehung – und verkörpern »Geschichtlichkeit«. Dies gelingt ihnen durch die zahlreichen Begebenheiten, die sie aus der Familiengeschichte kennen und durch das damit verbundene Wissen über die vergangene Wirklichkeit.

3 Höpflinger, François: ***Enkelkinder und ihre Großeltern, Intergenerationelle Beziehungen im Wandel***, Zürich 2006. Höpflinger verfasst auch regelmäßig lesenswerte Kolumnen für das schweizerische Magazin Grosseltern (www.grosseltern-magazin.ch).

Meine Aufgaben als Großmutter, als Großvater

Sie als neue Großeltern fragen sich sicher: »Welche Oma, welcher Opa will ich für meine Enkel sein? Traditionell? Unkonventionell? Was liegt mir, was passt zu mir? Die Rolle der Großmutter, die mit den Enkelkindern fantasievolle Freispiele gestaltet oder mit den Puppen Familie spielt? Die, die das Einkaufen, Kochen oder Nähen und Basteln übernimmt? Oder gefällt mir vielleicht die Rolle des Großvaters, der für bewegungsbetonte Aktivitäten wie Klettern, Raufen oder Fußballspielen zuständig ist?« Weiter geht es mit Fragen wie: »Was ist denn nun tatsächlich meine Aufgabe?« und »Was soll oder muss ich übernehmen und was besser vermeiden?« Sie haben die Chance, es auszuprobieren und so die Antworten auf alle diese Fragen zu finden!

O-Ton: *»Muss ich das Kind wickeln?«, will ein werdender Opa wissen. Eine werdende Oma fragt: »Meine Tochter möchte, dass ich bei der Geburt dabei bin. Geht das? Will ich das auch?«*

Eine andere: »Darf ich das kleine Baby halten, und kann ich es noch? Ich will das Baby lieber nicht alleine versorgen, vielleicht anfangs nur spazieren gehen.«

Die Aufgaben, die auf Sie als die Großeltern zukommen, sind je nach Bedarf in den Familien sehr unterschiedlich. Für gute, zufriedenstellende Lösungen ist es am besten, wenn Sie als »frischgebackene« Großeltern direkt im Gespräch mit den jungen Eltern klären, was zu tun ist: »Was erwartet ihr? Was wünscht ihr euch von uns?« Anschließend können Sie überprüfen, ob die gewünschten Aufgaben für Sie gut machbar sind. So können Sie die ganz individuellen Bedürfnisse der jungen Eltern mit dem kleinen Baby kennenlernen und Ihre eigenen Möglichkeiten kritisch hinterfragen. Dabei geht es etwa um die folgenden Aspekte: Kann ich die gewünschten Aufgaben tatsächlich übernehmen? Sind sie zeitlich zu schaffen? Traue ich es mir gesundheitlich auch zu?

Sie sollten diese Fragen prüfen und ehrlich beantworten, damit Sie sich nicht überfordern. Wie Sie sicher wissen, ist es gut, die eigenen Grenzen klar zu erkennen und zu benennen. So berichtete eine frischgebackene Großmutter, sie habe sich nicht getraut, das kleine, zerbrechlich wirkende Kindchen auf den Arm zu nehmen. Sie konnte es nur bestaunen. Doch auch hier gilt: Wir wachsen mit den gestellten Aufgaben, und ebenso wächst die Familie mit der Situation und den Herausforderungen.

TIPP

Hilfreiche Fragen für die Planung zur Betreuung des Enkelkindes:

- Wie ist der organisatorische Ablauf?
- Um welche Uhrzeit und wie lange werden wir benötigt?
- Wann genau, welcher Tag?
- Wie oft? Jede Woche?
- Was genau soll gemacht werden?
- Wo? Bei den jungen Eltern oder kommen diese zu den Großeltern nach Hause?

Aus den Wünschen der jungen Eltern wird hervorgehen, ob sie vielleicht erst einmal mehr Distanz benötigen und alles alleine versuchen wollen, oder ob sie sich viel Unterstützung und Nähe wünschen und möglicherweise auch brauchen.

Ganz häufig wünschen sich Eltern, dass Sie als Großeltern spezielle entlastende Aufgaben übernehmen sollen.

O-Ton: *»Ich wurde von der Familie liebevoll ›die große Butter‹ genannt«, erzählt eine Großmutter. »Ich habe ihnen immer leckere Speisen mitgebracht und die junge Familie bekocht. Die Eltern waren mit dem etwas zu früh geborenen Kind sehr in Sorge, und so genossen alle meine Unterstützung.«*

Denken Sie an ein Mobile, wenn es um das Thema Familien-Gleichgewicht geht: Beim leisesten Windhauch bewegt es sich oder kommt aus der Balance. Ähnlich ergeht es der Familie mit einem Neugeborenen, auch sie benötigt – wie das windgebeutelte Mobile – einige Zeit, um wieder zur Ruhe zu kommen. Das neue Gleichgewicht – mit einem neuen Familienmitglied! – muss sich erst wieder einstellen. Sie als Großeltern stehen idealerweise hinter den jungen Eltern, denn diese sind die Hauptpersonen! Wie schön, wenn es gelingt, dass wir in dieser aufregenden Zeit der ruhende Pol sind. Mit Zuversicht und Erfahrung können wir unsere Kinder entlasten und positiv unterstützen.

Manche Eltern wünschen sich nur kurze Zeiten, in denen das Kind beaufsichtigt wird, damit sie Besorgungen machen, in Ruhe duschen oder einfach mal entspannt eine Runde schlafen können. Neben allen Absprachen ist trotzdem großelterliches Fingerspitzengefühl gefragt, um herauszufinden, was die Familienmitglieder brauchen und dann gezielt helfen zu können. Interessant ist in diesem Zusammenhang, dass die Großmütter eher als Betreuungsperson der ganz kleinen Babys eingesetzt werden als die Großväter. Ausnahmen bestätigen die Regel! Großväter dieser Generation sind durchaus offen für pflegerische Aufgaben und übernehmen diese oft ganz selbstverständlich. In den heutigen Großeltern-Familien finden sich neben ganz traditionellen Rollenzuschreibungen eben auch alternative Aufgabenverteilungen – man kann also nicht mehr einfach sagen: »Typisch Oma« oder »Typisch Opa«!

O-Ton: *Ein Großvater berichtet, dass er die beiden Enkel, sechs und acht Jahre alt, von der Schule und vom Kindergarten abholt. Drei- bis viermal die Woche ist er im Einsatz, und die drei unternehmen, wann immer das Wetter es erlaubt, Spaziergänge an der Isar. Die Jungs lieben es, Steine ins Wasser zu werfen oder Stöcke zu sammeln. Zu Hause bauen die Kinder gern Lego mit ihrem Opa, aber auch die Hausaufgaben werden nachgeschaut und es wird sehr viel vorgelesen, am liebsten Der kleine Drache Kokosnuss.*

Die Oma der beiden ist Griechin und spricht mit den Enkelsöhnen nur griechisch. Die Jungen verstehen inzwischen alles und freuen sich, wenn sie im Sommer in Griechenland mit den einheimischen Kindern spielen können und die Sprache verstehen. Die »JaJa« übernimmt dazu das Kochen, und sie kümmert sich ganz traditionell um die Hausarbeit.

Großeltern wirken also auch positiv auf die kognitive Entwicklung der Enkel und unterstützen – wie in unserem Beispiel – den Spracherwerb: So ganz nebenbei erlernen diese Enkelkinder noch eine zweite Sprache.

O-Ton: *Ein Opa berichtet, dass er leidenschaftlich gerne kocht. Wenn der dreijährige Enkel bei ihm ist, kochen die beiden zusammen. Der Enkel sitzt dann dabei und darf beispielsweise die Zwiebel halten oder die Tomaten waschen. »Ich genieße das sehr und wir zwei Männer sind ein richtig gut eingespieltes Team!«, so der Großvater.*

Großeltern berichten über ganz unterschiedlichen Einstellungen zum Baby. Die einen neigen dazu, die kleinen Enkelkinder sehr gern zu hüten und zu umsorgen, während andere sich eher zurückhalten. Es gibt auch Großmütter und Großväter, die mit einem Säugling nicht so viel anfangen können und sich mit den Enkeln erst dann richtig gut fühlen, wenn diese etwas größer geworden sind.

In vielen Familien sind die Großeltern die erste Wahl, wenn es darum geht, die Enkelkinder zu betreuen.

Eine zusätzliche Betreuungs-Alternative zu uns Großeltern ist ein tragendes Netzwerk – von Babysittern und Helfern – für die junge Familie. Für viele berufstätige Alleinerziehende ist ein solches Netz von Helfern von großer Bedeutung.

O-Ton: *Eine 55-jährige Oma berichtet: »Meine Tochter ist alleinerziehend, und sie braucht mich als verlässliche Betreuungsperson für die Enkel. Sie ist ganztags berufstätig, und die Enkel sind in der Schule und im Kindergarten. Ich bin selbst auch berufstätig, aber wir helfen als Familie gemeinsam, damit der Alltag gut gelingt. Kinder in die Schule bringen, vom Hort abholen, Essen machen, Wäsche waschen – das ist dann manchmal ein ganz schöner Stress, Oma zu sein …!«*

Gemeinsam mit den Eltern habe ich im Rahmen meiner Tätigkeit als Familientherapeutin immer wieder eine »Netzwerkkarte« erstellt, in der alle Ansprechpersonen einer Familie aufgelistet sind, die in einem Notfall helfen können. Immer wieder höre ich, dass die Karte allen sehr gute Dienste leistete. Großeltern stehen auf diesen Listen regelmäßig auf den ersten Plätzen der gewünschten Helfer. Die Enkelkinder selbst möchten in Krankheitsfällen ganz oft von ihnen umsorgt und gepflegt werden. Vielleicht können Sie mit Ihren Kindern auch eine solche Karte erstellen?

Wenn wir als Oma und Opa so eng in die Familien eingebunden sind, haben wir sicher hin und wieder den Impuls, auf unsere Art und Weise korrigierend einzugreifen. Beteiligen wir uns zu begeistert, geben wir zu viele Tipps, bringen wir lauter Ideen vor oder richten wir gar Ratschläge an die jungen Eltern, kann das dazu führen, dass diese sich klar abgrenzen, wenn ihnen die Einmischung zu viel oder generell unerwünscht ist. Fragen Sie, ob Rat oder Ihre Unterstützung gewollt und benötigt wird. Das Allerbeste ist, wenn die Eltern selbst mit Fragen kommen und die Großeltern einbeziehen. Dabei kann eine ganz wunderbare Nähe zum erwachsenen Kind entstehen. Die Tochter oder der Sohn wünscht sich Hilfe und Unterstützung von der Mutter, nicht Kritik und Besserwisserei. In dieser Situation ergeben sich natürlich viele Fragen, die von uns kundig, vertrauenswürdig und liebevoll beantwortet werden können.

Das bedeutet allerdings nicht, dass wir als Oma und Opa alles akzeptieren müssen. Wir können unsere Meinung natürlich äußern, gerade wenn wir unterschiedliche Vorstellungen haben. Aber auf das »Wie« kommt es an! Nach meiner Erfahrung ist es am besten und erfolgversprechendsten, wenn eine solche Meinungsäußerung respektvoll geschieht. Jede Entwertung, jeder Angriff kann schnell zu Streit und oft sogar zum Bruch innerhalb der Familien führen. Großeltern kommen dann verzweifelt in die Familienberatung und bemühen sich um eine Verbesserung der Beziehungen, um den Kontakt zu den Enkelkindern nicht ganz zu verlieren.

O-Ton: *So hat ein Großvater morgens bei der jungen Mutter angerufen und gefragt, ob er seinen Enkel denn am betreffenden Tag sehen könne. Er bekam für den Nachmittag um 17.00 Uhr einen Termin! Er achtete die Grenze, auch wenn er erst sehr enttäuscht darüber war, den Kleinen nicht gleich besuchen zu können.*

Wie gut, wenn Sie als Großeltern so achtsam mit den Grenzen umgehen können, die die junge Familie zieht, oder gar so vorsichtig sind, wie der Opa und die Oma in den Beispielen!

O-Ton: *Eine Großmutter weiß zu berichten: »Manchmal mache ich Einkäufe für die jungen Eltern, die Tüte hänge ich an die Tür und sage dann übers Handy Bescheid. Ich möchte die Kinder nicht stören.«*

Patchwork-Großeltern

Eine spezielle Aufgabe mit besonderen Herausforderungen kommt auf Sie als Großmutter oder Großvater zu, wenn Sie mit einer erweiterten Familie konfrontiert werden. So kann es sein, dass durch eine neue Partnerwahl der getrennten Eltern eine Patchwork-Familie entsteht.

Jeder neuen Patchwork-Familie geht die Trennung einer Beziehung voraus, und das ist es, was wir Großeltern mittragen und mitbegleiten. Viele Fragen, die sich den betroffenen Eltern und Kindern stellen, betreffen auch die Großeltern. Oder besser gesagt, sie machen Großeltern betroffen: »Wie gehen wir am besten damit um?« Viele betroffene Großeltern berichteten, dass sie große Hilflosigkeit und Traurigkeit empfanden. In den Eltern- oder Großeltern-Kursen ist dies ein spezielles Thema, und gemeinsam überlegen wir dann, was in einer solchen Situation hilfreich sein kann. Wir haben sehr individuelle Lösungen gefunden; hier finden Sie einige Anregungen:

TIPP

- Neutral bleiben gegenüber den Elternparteien, die sich trennen.
- Parteilich sein dürfen Sie für die Enkelkinder. Bleiben Sie einfach als Oma und Opa auf der Seite der Enkel. Die Kinder lieben ihre Mama und ihren Papa. Bei aller Verwirrung der Kinder sind sie meist beiden gegenüber loyal.
- Unterstützung! In dieser Situation hilft beruhigendes Verständnis und Verlässlichkeit, nicht Verurteilung eines Elternteils.

Wenn Sie als Großeltern eine komplexe Patchwork-Familie begleiten, in der die Mutter mit einem neuen Partner oder der Vater mit einer neuen Partnerin, die möglicherweise noch Kinder aus einer vorangegangenen Beziehung mitbringen, leben, wenn dazu noch Kinder aus der aktuellen neuen Beziehung dazu kommen, dann … wird es erst einmal kompliziert. Ja, die Beziehungen dieser Patchwork-Konstellationen sind meist wirklich nicht einfach. Bei solchen Familienstrukturen ist es die Hauptaufgabe der Großeltern, das Familienschiff besonnen durch stürmische Zeiten zu begleiten. Sie sind oft »der Fels in der Brandung« und aus Sicht der Enkel ihre einzigen verlässlichen und vertrauten Beziehungspersonen. Für Kinder bedeutet eine solche neue Zusammenstellung mit der sozialen Elternschaft, der neuen Partnerin oder dem neuen Partner von Mama oder Papa, eine große Herausforderung im Sinne sozialer Anpassung. Großeltern entlasten die Enkel und ebenso die Eltern, wenn sie allen – auch den neuen Familienmitgliedern – mit

Höflichkeit und Respekt begegnen. Sollte es darüber hinaus gelingen, sich nicht unnötig einzumischen oder Partei zu ergreifen, dann sind dies die besten Voraussetzungen für ein friedliches Miteinander.

Vom Geben und Nehmen

Das Engagement der heutigen Großeltern-Generation ist durchaus bemerkenswert. Großeltern bringen sehr viel Zeit für die Betreuung der Enkelkinder auf und leisten damit einen großen gesellschaftlichen Beitrag zur Kinderbetreuung. Ganz selbstverständlich übernehmen viele der Großeltern diese Aufgabe und erleben positive Familienbeziehungen. In jüngster Zeit gibt es jedoch, insbesondere in der Schweiz, Bestrebungen, nach denen diese Leistungen der (Groß-)Eltern für ihre Kinder und Kindeskinder gewürdigt und honoriert werden sollten, ganz offiziell.[4] So fordert etwa das Netzwerk *Großmütter-Revolution*, ein Zusammenschluss von Großmüttern, für die Betreuung der Enkelkinder eine Entschädigung. Laut dem Bundesamt für Statistik (BfS) betreut in der Schweiz jede zweite Großmutter ihre Enkelkinder mindestens einmal pro Woche. Bei Großvätern ist es jeder Dritte. Es gibt Berechnungen von 2016, denen zufolge Großeltern 160 Millionen Stunden pro Jahr ihre Enkel betreuen, was umgerechnet 8146 Millionen Franken kosten würde. Weitere Nachforschungen haben aufgezeigt, dass Großeltern zudem ihre Familien finanziell großzügig unterstützen. Aus Beratungen ist mir bekannt, dass um das Thema Geld viele Konflikte und Streitigkeiten entstehen, in die oft auch die

---

4 Ein interessanter Artikel zu diesem Gedanken: Rhyn, Larissa: »Wenn das Grosi mehr als Blumen verlangt«, in: ***Neue Zürcher Zeitung***, 30.12.2019, S. 9

Großeltern verwickelt sind. Da geht es um Vorwürfe, dass die junge Familie nicht mit Geld umgehen könne oder dass die Eltern nicht genügend erarbeiten würden. Wenn möglich, springen dann auch die Großeltern ein.

O-Ton: *»Gerade am Samstag war ich mit meiner Tochter und der Enkelin Schulranzen kaufen«, erzählt eine Großmutter. »Wir haben eine Kaufaktion für Schultaschen genutzt. Meine Enkelin kommt im Herbst zur Schule, und sie war ganz aufgeregt und freute sich sehr. Sie durfte sich den Schulranzen aussuchen, und sie war so stolz! Die Oma hat den Schulranzen bezahlt!«*

Großeltern investieren in die Ausbildung der Enkel, sie helfen bei der Finanzierung von Kindergarten- oder Schulgebühren, wenn diese insbesondere bei alternativen oder privaten Einrichtungen sehr hohe Kosten für die Eltern bedeuten. Ebenso ist es weit verbreitet, dass die Großeltern sich an den Kosten für den Sportverein oder Musikunterricht der Enkel beteiligen. Sie holen und bringen dazu die Kinder ganz regelmäßig zu den unterschiedlichen Einrichtungen. Großeltern geben wirklich eine ganze Menge! Es gibt allerdings auch Großeltern, die mit einer sehr kleinen Rente auskommen müssen. Besonders prekär ist es, wenn die eine Seite der Großeltern relativ viel Geld hat und die andere Seite über weniger finanzielle Mittel verfügt. So beklagte sich eine Oma, dass sie ihre Enkelkinder so selten sieht, sie ihnen keine teuren Geschenke machen und sie auch nicht zu kostspieligen Ausflügen einladen kann. Sie leidet sehr darunter.

Was bekommen oder gewinnen Großeltern für ihren unermüdlichen Einsatz, den sie auf so vielen Ebenen leisten? Sie gewinnen dadurch die lebendigen Kontakte mit den Enkeln und den Familien. Sie bekommen die ganze Lebendigkeit eines Kinderlebens. Sie und ihre Enkel profitieren davon: Sie lernen voneinander und miteinander, und die Enkel gewinnen vertrauensvolle Beziehungspersonen dazu, die sie weit über die Kindheit hinaus lieben. Wenn beim Abholen die Enkelkinder mit strahlenden Augen auf sie zulaufen und sie stürmisch umarmen, ja, dann ist das eine Momentaufnahme von tiefem Großelternglück. Oder wenn die Enkel sich wünschen die Oma zu besuchen oder bei den Großeltern zu übernachten, weil es da so schön ist …

O-Ton: *»Ich war so zwischen vier und fünf Jahre alt, da hat mich meine Oma ganz regelmäßig vom Kindergarten abgeholt«, erinnert sich eine mittlerweile erwachsene Enkelin. »Ich hatte gerade meine Zwillingsgeschwister bekommen, und es war ein Chaos zu Hause. Ich habe beim Abholen meine Oma ganz für mich allein genossen. Sie erzählte mir was, und ich erzählte ihr selbst ausgedachte Fantasiegeschichten. Sie hörte mir aufmerksam zu, und ich fühlte mich so wohl dabei.«*

Wenn sie davon erzählt, ist die erwachsene Enkelin noch heute richtig gerührt und spürt die positiven Gefühle von damals wieder. So nachhaltig ist diese Erinnerung über eine positive Beziehung mit Liebe und Zuneigung. Ganz ähnlich empfindet es auch eine glückliche Großmutter: »Das größte Geschenk der Welt ist es, Oma zu sein – ich würde alles tun für die Enkel.«

Das eigene Leben führen – Berufstätigkeit, Wünsche und Bedürfnisse

Viele der Großeltern heute sind noch berufstätig und stehen voll im Arbeitsleben. Im Vergleich zu früheren Zeiten fällt auf, dass damals die Großmütter als Hausfrauen meist zu Hause waren. Wenn Sie jetzt als Oma und Opa in Vollzeitbeschäftigung tätig sind, dann haben Sie ähnliche Vereinbarkeitsprobleme von Beruf und Familie wie die jungen Eltern. Viele Menschen wünschen sich, beides gut miteinander zu verbinden und gut zu bewältigen. Doch selbst, wenn Sie als Großeltern bereits im Ruhestand sind, können und wollen Sie möglicherweise nicht immer nur die Enkel betreuen. So müssen Sie abwägen und für sich überlegen, wie Sie Ihre Kontakte mit den Enkelkindern mit Ihren eigenen Aufgaben und Interessen vereinbaren können. Sie fragen sich vielleicht: »Bin ich nur ein(e) richtige(r) Oma/Opa, wenn ich die Enkel dauernd fürsorglich, liebevoll und aufopfernd betreue?«, »Soll ich als Großmutter meine klassische Mutterrolle einfach beibehalten?« oder »Kann und darf ich meine eigenen Interessen mit gesellschaftlichem und beruflichem Engagement, meine Wünsche wie Reisen und Hobbys verwirklichen, statt vornehmlich für die Enkel da zu sein?«. Diese zentralen Fragen sind hilfreich, um Ihre eigene Haltung zu finden und diese zu vertreten. Frühzeitig und gemeinsam können Sie mit Ihren erwachsenen Kindern im Gespräch nach passenden Regelungen und Lösungen suchen. Gelingt Ihnen dies, in gegenseitiger Wertschätzung und mit einer guten Portion Respekt, dann sind Sie bereits auf einer sehr positiven Zielgeraden. Sie ersparen sich so manche Vorwürfe, Enttäuschungen oder gar Schuldgefühle.

Einige Großeltern erzählen, dass die Betreuung der Enkelkinder in der ersten Zeit nach dem Ausscheiden aus dem

Berufsleben eine Struktur gebende Entlastung für sie war und dass sie diese Aufgabe sehr gern übernommen haben. Es gab ihnen das Gefühl, noch gebraucht zu werden und nicht aufs Abstellgleis geschoben zu sein. Hingegen formulieren andere Großeltern klar, dass sie sich jetzt gern eigene Wünsche erfüllen wollen, die sie in ihrer Eltern- und Familienzeit nicht realisieren konnten. Für viele Großeltern steht ganz oben auf dieser Wunschliste das Reisen. Auch die Erfüllung von langgehegten Wünschen, wie zum Beispiel noch eine Sprache zu erlernen, die Seniorenakademie zu besuchen, zu malen, zu töpfern, Musik zu machen, im Chor zu singen, zu tanzen und etwas für die Fitness zu tun, sind häufig genannte Aktivitäten der heutigen Großelterngeneration.

O-Ton: *»Ich genieße es, den Kindern in der Grundschule als Ehrenamtlicher der ›Lesefüchse‹ vorzulesen. Einmal die Woche bin ich dort und lese vor. Es macht mir sehr viel Spaß, und ich möchte es nicht missen. Doch auch meinen Enkeln lese ich natürlich gern vor«, sagt ein Großvater, dem es offenbar gelingt, eigene Interessen und »Großelternpflichten« unter einen Hut zu bringen.*

Es gibt auf der einen Seite die »klassischen« Großeltern, die ganz regelmäßig ihre Enkel betreuen und versorgen, und die, die sich abgrenzen und sagen: »Nur noch Oma oder Opa sein – nein danke!«

O-Ton: *Eine Großmutter berichtet: »Ich hatte mich schon so über meine Freiheiten gefreut, als sich überraschenderweise doch noch ein Enkelkind ankündigte. Mir war aber sofort klar, da halte ich mich zurück. Ich konnte noch nie mit den kleinen Babys und Kleinkindern. Da warte ich erst mal und lebe mein schönes unabhängiges Leben!«*

Die Lösungsmöglichkeiten, um sowohl den Bedürfnissen der Elternfamilie als auch jenen von uns Großeltern gerecht zu werden, liegen oft in der goldenen Mitte. Damit die Beziehungen gut gelingen, sind konstruktive Gespräche in gegenseitiger Rücksichtnahme und Respekt sehr hilfreich.

ⓘ

TIPP

Zeitige und klare Planungen

- Reisepläne austauschen.
- Auf die neue Situation einstellen.
- Kompromisse überlegen.
- Gemeinsam konstruktive Lösungen finden.

Wunschgroßeltern und soziale Großelternschaft

Viele Menschen haben zwar Kinder, doch keine Enkelkinder. Sie hätten Zeit und Lust und würden sehr gerne Großelternaufgaben übernehmen. Dann gibt es die Möglichkeit, sich über die Leih-Oma-Börse oder Wunschgroßeltern vermitteln zu lassen und ein Kind wie ein Enkelkind zu betreuen. Ansprechpartner vor Ort sind die Elternzentren, Mehrgenerationenhäuser oder auch örtliche Beratungsstellen.

Vielfach entstehen durch die Kontakteinsätze richtige Freundschaften zwischen den Familien und intensive Beziehungen zu den Wunsch-Enkelkindern. Die Vermittlung von Wunschgroßeltern oder Leih-Oma oder -Opa organisieren Träger von sozialen Einrichtungen. So gibt es einführende und begleitende Pädagogik-Kurse an den Familienbildungsstätten, die für die Wunschgroßeltern kostenlos sind. Geregelt ist auch eine Haft- und Unfallversicherung für die zu vermittelnden Großeltern.

O-Ton: *Eine Großmutter, die ihr eigenes Enkelkind selten sieht, da es in einem anderen Land wohnt, hat eine besondere Lösung gefunden. In ihrem Haus wohnt eine junge Familie mit zwei kleinen Kindern: »Ich übernehme bei ihr eine mütterliche Freundinnenrolle und bekomme den Kindern gegenüber richtige Großmuttergefühle. Da wir so nah beieinander wohnen, bekommt sie von mir Hilfe und Aufmerksamkeit, die ich sonst meiner Tochter und meiner Enkelin geben würde. Ich freue mich auch sehr, wenn sie mir sagt, wie sehr meine Hilfe sie entlastet und wie sie es schätzt, dass ich da bin. Die beiden kleinen Kinder lieben es sehr, bei mir zu sein; und ich freue mich, dass ich meine Fähigkeiten nutzen kann, die sonst ganz brachliegen würden.«*

Neben dem Konzept der Wunschgroßelternschaft gibt es die soziale Großelternschaft, die etwas ganz anderes meint, nämlich die mittlerweile recht häufige Konstellation in Patchwork-Familien. Bringt eine neue Partnerin oder ein neuer Partner in einer zweiten Beziehung ein Kind aus einer vorangegangenen Partnerschaft mit, wird man für dieses Kind ein sozialer Elternteil (altmodisch hieß es früher Stiefmutter/-vater). Wenn diese angeheirateten Kinder selbst wieder Kinder bekommen, wird man ein sozialer Großelternteil, eben eine soziale Oma oder ein sozialer Opa.

O-Ton: *Ein Kollege erzählt mir, dass er Opa wird. Seine Frau hatte eine Tochter mit in die Ehe gebracht, die nun erwachsen ist und ein Kind erwartet. Er bekommt sozusagen ein Enkelkind, auf das er sich sehr freut. Auch für die Tochter ist es klar, dass er der Opa ist, eben ein »sozialer Großvater«.*

Es kann in solchen Fällen zu innigen und engen Beziehungen zu den angeheirateten Kindern und Enkeln kommen, doch mitunter entwickeln sich auch keine oder sehr distanzierte Beziehungen zwischen den Generationen. Meiner Erfahrung nach kommt es hierbei sehr auf das Verhältnis an, das zu den angeheirateten Kindern bestand – ist es sehr distanziert, bleibt es oft auch für die Enkel so.

O-Ton: *Eine junge Mutter mit einer einjährigen Tochter erzählt, dass die zweite Frau ihres Vaters keinen Kontakt zum sozialen Enkelkind wünscht. Es sei nicht ihr Enkel und sie will keine Oma sein. Dadurch leidet auch der Kontakt zum Opa, was die junge Frau sehr bedauert.*

2 Was Enkel brauchen und was sie stark macht

Perspektivenwechsel: Von der Sichtweise der Erwachsenen nun zur Welt aus dem Blickwinkel der Kinder, genauer gesagt der Enkelkinder. Im Gespräch mit erwachsenen Enkeln habe ich sehr berührende Geschichten über ihre Großeltern gehört. Zahlreiche sehr außergewöhnliche Erinnerungen sind dabei, die deutlich aufzeigen, was wichtig und hilfreich in der Beziehung zu ihren Großeltern war. Daneben gibt es aber auch Erzählungen, aus denen hervorgeht, wie schwierig die Beziehung zu den Großeltern war und was einen positiven Kontakt verhinderte.

Dank Ihrer Rolle als Großeltern haben Sie eine wunderbare Möglichkeit, die Beziehung zu den Enkelkindern – jenseits von erzieherischen Pflichten und Aufgaben – frei und kreativ zu gestalten. Großeltern können für ihre Enkelkinder eine Quelle der Stärkung, eine echte Ressource sein. In der Resilienz-Forschung gibt es viele Hinweise darauf, wie wichtig es für die Widerstandskraft ist, in der Kindheit stärkende und Mut machende erwachsene Personen zur Seite zu haben. Ganz häufig sind diese Personen tatsächlich die Großeltern. Damit es gelingt, gestärkt aus Krisen hervorzugehen oder mit Krisen gut zurechtzukommen, bedarf es bestimmter Bedingungen, die das fördern. Dazu gehören beispielsweise die äußeren Faktoren, wie zum Beispiel das Vorhandensein von Vertrauenspersonen, wie Sie als Großeltern es sind. Zu den inneren Faktoren, die die Entwicklung von Resilienz unterstützen, gehört vor allem die Persönlichkeit der Kinder: Hierzu gehören neben den Anlagen (also etwa den Charaktereigenschaften) die Fähigkeit, die eigenen

Gefühle kontrollieren zu können, ein fester Wille, Verantwortungsbewusstsein und eine Portion Optimismus. Damit die Enkelkinder einige dieser Bewältigungsstrategien erlangen, ist es gut, wenn Sie die Kinder in Problemsituationen nicht alleine lassen, sondern sie vielmehr unterstützen.

Was Großeltern in besonderem Maße vermitteln können

Die Enkel erleben in ihren Familien das Leben bei ihren Eltern und das ihrer Großeltern als unterschiedlich. Dies ist für die allermeisten Kinder bereichernd. Es sind unterschiedliche Umgebungen und Orte, unterschiedliche Wohnsituationen und andere Gepflogenheiten oder Regeln. Oma und Opa geben den Enkeln einen erweiterten Sinn für die Zusammengehörigkeit der nächsten Familienangehörigen. Sie als Großeltern erweitern das Spektrum der Personen im engsten Kreis der Familie und zeigen so ein zusätzliches Modell von Beziehungen.

Neben dem Familienalltag mit den Eltern und allen Erziehungsanforderungen oder gar Stress dort, können Sie als Oma und Opa für die Enkel beruhigend, ausgleichend und unterstützend sein. Damit bauen Sie Brücken zwischen den Generationen, und für die Enkelkinder kann der Aufenthalt bei Ihnen wie ein sicherer Hafen sein.

Zeit

Das »Zeithaben« spielt in unserem sehr hektischen und getakteten Leben eine besondere Rolle. Das wirkt sich auch auf unsere Enkelkinder aus: In einer groß angelegten Studie[5] gab ein Drittel der befragten Kinder und Jugendlichen an, sie wünschten sich mehr Zeit mit ihren Eltern. Zu diesem Befund passt es, wenn auch Enkelkinder in vielen Gesprächen besonders hervorheben, dass ihre Großeltern Zeit für sie haben und da sind, wenn sie gebraucht werden. Großeltern haben also Zeit, oder besser gesagt, sie nehmen sich Zeit, wenn sie ihre Enkelkinder sehen. Selbst wenn viele noch im Arbeitsleben stehen, die Zeit für die Enkel bedeutet den allermeisten Großeltern sehr viel. Viele erwachsene Enkel bestätigten mir dies in den Interviewgesprächen, die ich führte: »Sie nehmen sich Zeit«, »sie haben Zeit für mich« und »sie sind immer für mich da« – diese Aussagen der Kinder und Jugendlichen machen deutlich, wie wichtig den Enkeln die Zeit mit ihren Großeltern ist.

Liebe und Vertrauen

Kinder brauchen Liebe und Vertrauen. Sie benötigen diese Gefühle – geliebt zu werden und wertvoll zu sein – um ein gesundes Selbstwertgefühl zu entwickeln. Eltern und Großeltern vermitteln das ihren Kindern und Enkeln auf ganz selbstverständliche Weise, insbesondere dann, wenn sie den Nachwuchs ermutigen, annehmen und den Kindern eine große Portion Sicherheit und Vertrauen entgegenbringen.

5 Zinnecker, Jürgen/Behnken, Imke/Maschke, Sabine/Stecher, Ludwig: ***null zoff & voll busy, Die erste Jugendgeneration des neuen Jahrhunderts***, Opladen 2003

Sicher gebundene Kinder haben gute Grundlagen, um für viele Herausforderungen des Lebens gewappnet zu sein.

O-Ton: *»Meine Oma hat mir in meiner Kindheit am meisten Wärme und Liebe gegeben«, berichtet eine mittlerweile erwachsene Enkelin. »Meine Mutter hatte nicht viel Zeit. Meinen Vater kannte ich gar nicht. Mit meiner Oma habe ich gekocht, gebacken und viel positive Zeit verbracht. Sie war rundlich, und bei ihr habe ich mich so geborgen gefühlt.«*

Viele Geschichten von Enkelkindern sind geprägt von ganz besonderen Erinnerungen an ihre Großeltern. In den allermeisten Fällen sind es die Großeltern, die den Kindern eine Extraportion Liebe und Zuwendung geben konnten.

O-Ton: *Eine junge Frau berichtet: »Meine Oma war ganz sanft und liebevoll. Ich liebte sie sehr. Die Erzählungen meiner Mutter, dass sie von ihr geschlagen und sehr streng erzogen worden sei, konnte ich gar nicht glauben.«*

Enkelkinder erfahren Geschichten aus dem Leben von Oma oder Opa. Sie erleben sie im Hier und Jetzt und doch kann es sein, dass unbekannte und gar befremdliche Themen oder Ereignisse thematisiert werden. Vielleicht erinnern Sie sich auch an Geschichten über ihre Großeltern, die Diskrepanzen oder Unstimmigkeiten enthielten und Sie nachdenklich stimmten oder gar verwirrten?

O-Ton: *»Meine Oma war für mich der allerwichtigste Mensch«, erzählt eine 45-jährige Frau. »Gemeinsam haben wir Geschichten gelesen, oder sie erzählte mir aus ihrem Leben. Wie sie Wasser holen oder Feuer machen mussten. Dabei hat sie genäht, und sie hat mir auch Häkeln und Stricken beigebracht.«*

Oft spielt bei solchen Erfahrungen auch die eigene familiäre Situation eine große Rolle. Ganz häufig herrscht in der Elternfamilie viel Unruhe, wenn beispielsweise ein Geschwisterkind geboren ist oder jemand erkrankt, und gerade dann genießt ein kleines Enkelkind die Ruhe und Geborgenheit bei den Großeltern ganz besonders. So eine Auszeit wird als wohltuend erlebt.

Vertrauensvolle Zuneigung wünschen sich natürlich alle Kinder. Manchmal passiert es allerdings, dass sie an mehr oder weniger deutlich signalisierte Bedingungen wie »Du musst erst dies tun/so sein …, dann liebe ich dich« geknüpft ist. Enkelkinder brauchen aber Großeltern, die Vertrauen in ihre Fähigkeiten und Talente haben und ihnen das sichere Gefühl vermitteln: »Du bist in Ordnung, so wie du bist.« Jedes Kind benötigt seine Zeit, um »das Leben zu lernen«. Oma und Opa können sie dabei begleiten und ermutigen. Wenn Sie mehrere Enkel haben, so sehen Sie, dass jedes Enkelkind einzigartig und auf seine Weise besonders ist. Jedes hat seine eigene Persönlichkeit und auch sein ganz eigenes Entwicklungstempo. Deshalb ist es gut, darauf zu achten und es anzuerkennen, wenn das Kind freundlich, einfühlsam, neugierig, interessiert, hilfsbereit oder sogar schon sozial kompetent ist, denn dadurch stärken Sie Ihr Enkelkind. Sie unterstützen Ihr Enkelkind, wenn Sie auf seine Stärken und positiven Seiten achten. Umgekehrt bedeutet das: Seien Sie bitte vorsichtig bei Kritik oder negativem Vergleich, denn darunter leidet meist die Beziehung zwischen den Generationen:

O-Ton: *»Bei meiner Oma war ich nicht sehr gerne, sie sagte mir, ich sei ein schwieriges Kind und mein kleiner Bruder, der sei einfach so nett. So sollte ich doch auch sein! Dafür habe ich meine Oma richtig gehasst. So oft es ging, bin ich ihr aus dem Weg gegangen«, erzählt die heute erwachsene Enkelin*

Natürlich haben unsere Enkel auch Fehler; manchmal verhalten sie sich vielleicht sogar vollkommen unangemessen, wie alle Menschenkinder. Das wissen wir als Großeltern selbstverständlich. Doch in solchen Momenten ist es besonders wichtig, daran zu denken, dass wir nicht das Kind als ganze Person kritisieren sollten, sondern nur das Verhalten, das nicht in Ordnung war.

TIPP

Falls Sie als Oma oder Opa mit Ihrem Enkelkind sprechen wollen, da es sich unangemessen verhalten hat, ist es hilfreich, einige Regeln zu beachten:

- Erst miteinander sprechen, nachdem die allergrößte Wut abgekühlt ist!
- Sprechen Sie in »Ich-Botschaften«: »Ich habe bemerkt, …«, »Ich habe gesehen, …«
- Benennen Sie Ihre Gefühle: »Ich fühlte mich dabei …«
- Zeigen Sie Empathie: »Ich kann verstehen…«
- Erläutern Sie, was zukünftig anders sein könnte: »Ich wünsche mir …«
- Überlegen Sie gemeinsam mit dem Enkelkind, was jetzt zu tun ist, was es in Zukunft anders machen könnte. Was braucht es, um friedlich oder freundlich zu sein?

Solche Gespräche sollten Sie ganz besonders achtsam und einfühlsam führen. Sie als Großeltern wünschen sich ja, dass das Enkelkind etwas einsieht und dann sein Verhalten verändert. Verhaltensveränderungen jedoch brauchen viel Zeit und die richtige Motivation. Eine Veränderung erfordert zunächst einmal ein inneres Geschehen, das dann, erst in einem zweiten Schritt, zu einem auch von außen wahrnehmbaren Wandel führt.

Der Motivation zu einer Verhaltensveränderung ist es deshalb zuträglich, wenn eine positive Verbindung zu einer Fähigkeit hergestellt werden kann, die das Kind schon gut beherrscht.

Darüber hinaus gibt es noch eine weitere Möglichkeit, wie man dem Enkelkind in einer Konfliktsituation helfen kann, eine kleine Verhaltensänderung zu schaffen: Man eröffnet dem Kind eine Wahlmöglichkeit, sodass es sich zwischen verschiedenen Alternativen entscheiden kann.

TIPP

Alternativen aufzeigen

Gemeinsam mit dem Enkelkind überlegen, wie ein Problem gemeistert werden kann. »Was ist zu tun?« Hat das Kind eine Idee, prüfen, ob sie realistisch und machbar ist. Wenn dem Kind keine Idee einfällt, zwei Alternativen zur Auswahl anbieten, damit das Kind eine Möglichkeit zur Mitsprache hat.

Nach diesem Muster verfährt eine Großmutter, um ihr Enkelkind bei einer ungeliebten Aufgabe zu unterstützen:

O-Ton: *»Du weißt, du musst noch deine Schulsachen einpacken. Machst du es gleich? Oder lieber nach dem Essen? Wann willst du es machen? – Ah, nach dem Essen, dann abgemacht!«*

Dabei ist es wichtig, auf eine klare Rückmeldung zu achten: Wurde Ihre Botschaft wirklich gehört und die Abmachung akzeptiert? Empfehlenswert ist es auch, gegebenenfalls an die Abmachung zu erinnern!

Geborgenheit und Sicherheit

In ganz besonderer Weise ist bei Oma und Opa häufig der Ort, der den Enkeln Geborgenheit und Sicherheit bietet. Er ist meist vertraut, von klein auf bekannt, und die Beziehungen sind positiv. Wir wissen, dass Kinder für eine gesunde Entwicklung gerade Geborgenheit brauchen. Sie haben ein großes Bedürfnis danach, und die Befriedigung dieses Bedürfnisses stärkt sie in vielerlei Hinsicht. Normalerweise bekommen die Kinder diese Geborgenheit in ihrem Elternhaus, und wir Großeltern geben noch eine Extraportion dazu. Aber selbst in Fällen, in denen Vater oder Mutter nicht dazu in der Lage sind, ein ausreichendes Maß an Geborgenheit zu vermitteln, können Großeltern ausgleichend wirken und dazu beitragen, dass das Kind eine gute Bindung und ein gesundes Selbstbewusstsein entwickelt. Jeder Moment, den Ihr Enkelkind bei Ihnen im geborgenen Rahmen verbringen kann, ist ein Gewinn. Er stärkt, gibt Mut und lädt die Ressourcen-Batterie der Enkel auf, aus der sie neue Kraft schöpfen können.

Für viele Enkelkinder ist es schon erholsam, wenn sie bei den Großeltern einen ruhigen, geordneten und strukturierten Tagesablauf erleben. Ganz oft schafft das für sie einen Ausgleich zu ihrem ansonsten manchmal recht stressigen Alltag. Natürlich sind die Bedürfnisse der Kinder je nach Veranlagung unterschiedlich. Und genau auf diese Unterschiede können Sie als Großeltern achten. Sie haben in der

Regel mehr Zeit dazu als die Eltern und können auf einen größeren Erfahrungsschatz zurückgreifen.

O-Ton: *»Ich war das Wochenende bei der Oma und dem Opa, es war sooo schön. Ich durfte spielen, und wir haben zusammen mein Lieblingsessen Lachsnudeln gekocht und am Abend dann auch noch Pfannkuchen. Bei ›Mensch ärgere dich nicht‹ hat einmal die Oma gewonnen und einmal ich, es war richtig spannend«, erzählt die achtjährige Enkelin ihrer Mutter, und sie fragt gleich nach, wann sie denn wieder bei den Großeltern übernachten dürfe.*

Wie schön, wenn Wochenenden bei den Großeltern so positiv verlaufen – selbst, wenn die Großeltern danach sagen, dass sie jetzt froh sind, die Enkel wieder abzugeben und sich auf eine Erholungszeit freuen …

Anerkennung und Förderung

Es ist gut, Enkel zu motivieren und ihnen Mut zu machen, damit sie die verschiedenen Herausforderungen ihres Alltags bewältigen und neue Fähigkeiten erlernen. Ein schönes Beispiel, wie das Lernen bei Kindern gelingt, ist das Laufen. Da sehen wir, mit wie viel Ausdauer sie üben und sich von Fehlversuchen nicht entmutigen lassen: Langsam versucht sich das Kind aufzurichten, steht wackelig auf seinen Beinen, versucht, einen Schritt zu machen, und plumpst auch schon wieder hin. Wieder und wieder probieren es die Kleinen, und dann gelingt ihnen nach etlichen Misserfolgen schließlich der aufrechte Gang. Wir haben unsere Kinder angespornt und gelobt, sie ermutigt, es weiter zu versuchen, um dann endlich mitzuerleben, wie sie den ersten Schritt allein schaffen. Wir sahen damals in den strahlenden Gesichtern unserer Kinder Stolz und Glück. Genau das erleben wir heute als Oma und Opa wieder mit den Enkelkindern. Die Motivation, nach Erfolgserlebnissen gleich weiter zu lernen, um neue Fähigkeiten zu erlangen, spornt die Enkel an. Diese Erfolge lassen sich auch auf andere Lernbereiche ausweiten, wie zum Beispiel auf die besonderen Leistungsanforderungen in der Schule.

Sie haben in Ihrer Großelternrolle die Chance, hier besonders förderlich zu sein, denn Sie verfügen meist über mehr Zeit und oft auch über viel Geduld für Ihre Enkel.

O-Ton: *Ein Großvater erzählt von einem Nachmittag mit seiner neunjährigen Enkelin, die sich beklagte: »Opa, ich kann die blöde Matheaufgabe nicht, ich versteh das nicht. Keine Lust mehr, jetzt habe ich es schon so oft probiert.« Wütend warf das Kind das Heft auf den Boden. Der Opa beschwichtigte: »Mach mal eine Pause. Möchtest du einen stärkenden Saft?« Sie saßen bei einem Glas Saft zusammen und unterhielten sich. »Weißt du eigentlich, wie du das Laufen gelernt hast?«, fragte der Großvater. »Du warst richtig geschickt und hast dich am Stuhl hochgezogen, dann langsam losgelassen und versucht zu stehen. Wie oft bist du dann wieder hingeplumpst! Doch du bist gleich wieder aufgestanden und hast es noch mal probiert. Genauso wird es dir mit der Hausaufgabe gehen, du probierst es noch mal, und irgendwann kannst du es sicher. Ich helfe dir dabei, wenn du willst.« Der Großvater berichtet, dass sie die Textaufgabe nach einer kleinen Pause im Handumdrehen gemeinsam gelöst hatten.*

O-Ton: *Eine Großmutter erzählt sehr stolz von den Turnerfolgen ihrer siebenjährigen Enkelin. Sie ist in der Schule ausgewählt worden, da sie so gut turnen kann, und macht jetzt in einer Kunstturngruppe mit: »Das ist wunderbar, und ich sehe, wie das Kind richtig aufblüht, denn in der Schule tat sie sich sehr schwer.*

Sie konnte noch nicht sehr gut lesen, und auch das Rechnen fiel ihr nicht leicht. Doch in der Klasse ist sie jetzt beim Turnen der Star. Dieser Erfolg hat sie so bestärkt. Mittlerweile konnte sie mit all ihren Leistungen richtig aufholen. Ich bringe sie immer hin und hole sie ab, damit entlaste ich die Eltern.«

Es ist gut, wenn Eltern und Großeltern den Fehlern oder Defiziten der Kinder nicht allzu viel Bedeutung beimessen. Situationen, in denen sich die Kleinen ärgern und nicht weiterwissen, gehören zum Alltag und zur normalen Entwicklung. Großeltern können in diesen Situationen schon aus ihrer Erfahrung heraus gelassener reagieren, den Blick auf Positives lenken und die Enkel dadurch meistens motivieren.

»Fördern, nicht überfordern« sollte darüber hinaus die Devise in der Begleitung der Kinder sein. Viele Kinder unserer Zeit leiden nämlich massiv darunter, dass ihre Eltern und möglicherweise auch die Großeltern der Auffassung sind, der Nachwuchs müsste schlauer, besser, sportlicher, konzentrierter, eben einfach immer noch mehr sein, als er bereits ist. Die Kinder geraten unter Leistungsdruck, denn sie wollen es ihren Eltern und mitunter auch den Großeltern recht machen.

Großeltern unterstützen ihre Enkel auf vielfältige Weise, zum Beispiel, indem sie gemeinsame Unternehmungen gestalten: Ausflüge, Wanderungen, gemeinsames Einkaufen und Kochen oder auch Gespräche und entspannte Kuschel- und Vorlesestunden. Wenn das Enkelkind aus der Kindergruppe, aus der Schule oder Freizeit erzählt, können wir Großeltern mit Zeit und Geduld zuhören. Genau diese Aufmerksamkeit schätzen die Kinder. Der Selbstwert der Enkelkinder wächst aus dieser Sicherheit von positiv erlebten Beziehungen und dem sozialen Austausch. Daraus erfolgt dann ganz selbstverständlich eine Ermutigung und Stärkung der Persönlichkeit der Enkel.

O-Ton: *»Ich sehe meinen Opa jede Woche, und ich liebe es, mit ihm Schach zu spielen«, sagt ein achtjähriger Enkel. »Erst konnte er mir noch einiges erklären, doch inzwischen gewinne ich fast immer, denn ich spiele in der Schule im Hort mit dem Erzieher und kann es nun besser als der Opa.«*

Förderung, die Sie Ihren Enkeln zukommen lassen, kann aber auch eine direkte Unterstützung bei schulischen Leistungsanforderungen sein, etwa indem Sie miteinander die Hausaufgaben machen, oder Sie den Lernstoff abfragen.

O-Ton: *»Wir fragen die Oma und den Opa, die wissen alles«, sagt die achtjährige Tochter zu ihrer Mama. Sie musste ein Referat zum Thema Indianer vorbereiten. Die Großeltern haben viele Bildbände und auch einen über die Indianer. Das Thema hat sie richtig begeistert, und sie nahm das Buch mit bunten Bildern in den Sachkundeunterricht in die Schule mit. Voller Stolz erzählt sie dann von ihrem Erfolg.*

Nicht immer verläuft das aber so harmonisch:

O-Ton: *»Deine Mama meinte, wir sollten miteinander die Einträge zur Grammatik lesen und lernen, da du morgen einen Test schreibst.« »Hab keine Lust! Mach ich später!« Die Oma geht darauf ein und erinnert ihre zehnjährige Enkeltochter. Bei der dritten und vierten Mahnung wird die Großmutter dann allmählich ärgerlich. Die Enkelin bleibt bei ihrer Weigerung: »Ich will nicht, lass mich endlich in Ruhe!« Sie geht in ihr Zimmer und knallt die Tür zu. Als die Mutter kurze Zeit später nach Hause kommt, ist sie sauer auf die Oma (die es nicht geschafft hat, das Kind zum Lernen zu bringen) und auf die Tochter (die ihre Hausaufgaben nicht gemacht hat).*

Wenn Großeltern in die Verpflichtung kommen, mit dem Enkelkind lernen zu müssen, und das Kind sich weigert, kann es Schwierigkeiten geben. Ein Erzwingen der Hausaufgaben hätte den Ärger mit der Enkelin sicher verstärkt. Natürlich hat man in der obigen Situation Verständnis für die Mutter, die jetzt die Aufgabe hat, mit ihrem Kind zu lernen oder es zu versuchen, denn die Verantwortlichkeit bleibt bei ihr.

Kochen und Essen mit den Enkelkindern

Wie wichtig den Kindern und Jugendlichen die Beziehung zu den Großeltern ist, haben Wissenschaftler der Universität Siegen untersucht.[6] Die meisten Enkelkinder rechnen ihre Großeltern ganz selbstverständlich zu ihrer Familie. Sie erleben ihre Großeltern als großen Zugewinn, Oma und Opa stehen auf der Rangliste der wichtigsten Personen der Welt ganz weit oben – die Großmütter gleich hinter der Mutter und dem Vater. Bei den Antworten auf die Frage, was die Enkel am liebsten mit ihren Großeltern machen, steht Kochen an erster Stelle. An zweiter Stelle benennen die Enkel Gespräche und Diskussionen mit ihren Großeltern. Und immer wieder betonen die Kinder und Jugendlichen, wie wichtig es ihnen ist, dass die Großeltern Zeit für sie haben. Die Zeit, die die Großeltern mit ihren Enkeln verbringen, ist somit ein ganz besonderer Faktor!

Das gemeinsame Kochen und Essen gehört also zu den Lieblingsbeschäftigungen von Enkelkindern mit ihren Großeltern. Angefangen vom Planen und Einkaufen, übers Gemüsewaschen und -schneiden, das Umrühren und Abschmecken, bis hin zum gemeinsamen Mahl, ist das gemeinsame Kochen und Essen eine wunderbare Aktion. So

6 Zinnecker, Jürgen u.a.: ***null zoff & voll busy***

erfahren die Enkel, was gesunde Ernährung ausmacht, sie probieren unterschiedliche Gemüsesorten, erfahren eventuell etwas über die Zubereitung von Fleisch und Fisch und lernen dabei so ganz nebenbei, was alles nötig ist, um ein gesundes und schmackhaftes Essen zuzubereiten.

O-Ton: *»Von klein auf saß mein Enkelsohn bei mir in der Küche und schaute genau zu, wie ich das Essen zubereitete«, erzählt eine Großmutter. »Er probierte die rohen Zwiebeln, den Knoblauch und das Gemüse und gab eindeutig seine Kommentare ab, was ihm schmeckte und was nicht. Noch heute, er ist ja nun erwachsen, kocht er selbst sehr gern, erinnert sich an unsere Kocherlebnisse und was er dabei alles gelernt hat.«*

Junge Familien sind heute oftmals sehr bewusst, was das Essen angeht. Sie achten auf ausgewogene Ernährung und ausreichende Vitamine und Nährstoffe. Sie diskutieren über ökologische beziehungsweise nachhaltige Landwirtschaft und artgerechte Nutztierhaltung. Das Bewusstsein dafür können auch die Großeltern bei ihren Enkeln schärfen. Es gibt allerdings auch Familien, da ist das Essen Nebensache und es wird nicht sehr auf die Gesundheit geachtet. Vielleicht können Sie in diesem Fall versuchen, vorsichtig Alternativen anzubieten?

O-Ton: *»Wir haben in den Sommerferien einen Ökobauernhof besucht«, erzählt eine Oma. Die drei Enkelkinder waren sehr interessiert und besonders fasziniert von der Schweine- und Hühnerhaltung. Die Schweine waren je nach Alter in extra Gehegen untergebracht. »Wie Kindergarten und Schule«, stellte die Enkelin fest. Sie wollte auch genau Bescheid wissen, was die Tiere fressen und wie die Tiere geschlachtet werden. Fasziniert waren die Kinder auch von der großen Getreidemühle und dem riesengroßen Steinofen zum Brotbacken. Das war ein toller Ausflug!*

Es gibt natürlich auch Familien, die mehr auf Fastfood eingestellt sind und kein großes Aufhebens um das Essen machen. Unabhängig davon, wie die Situation in der Elternfamilie ist, es fällt auf, dass es bei den Großeltern meist auch andere Essgewohnheiten gibt als im Elternhaus der Enkel. Ich habe mit meiner kleinen Enkeltochter in Spanien die Erfahrung gemacht, dass das Kind mit eineinhalb Jahren Chorizo aß, ohne mit der Wimper zu zucken. Ich fand die Wurst viel zu scharf für das kleine Kind, doch meine Enkelin verspeiste sie mit großem Appetit.

Es gibt immer mehr Familien, die ihre Ernährung auf vegetarisch oder vegan umgestellt haben und von den Großeltern verlangen, das genau einzuhalten. Da ergeben sich schon mal hitzige Diskussionen über das Für und Wider dieser Essensumstellung. Wenn die Kinder bei den Großeltern sind, darf dann gekocht und gegessen werden, was dort gekocht wird? Falls es medizinische begründete Bedenken gibt, wie Allergien, müssen die Großeltern selbstverständlich darauf Rücksicht nehmen. Es bedarf immer wieder klarer Absprachen mit den Eltern, ob es Ausnahmen geben darf oder nicht.

Viele Erinnerungen, die mir Enkel von ihren Großeltern berichteten, hatten mit dem Kochen, Essen und mit Lieblingsspeisen zu tun.

O-Ton: *»Ich erinnere mich, meine Oma kochte die besten Dampfnudeln der Welt, und ich liebte sie sehr!«, schwärmt eine mittlerweile 69-jährige Enkelin. »Die Oma und die Dampfnudeln. Schön war es auch, mit der Oma ›Schwammerl‹ (Pilze) zu suchen. Sie kannte sich sehr gut aus. Sie lebte im Fichtelgebirge und ist auch dort aufgewachsen und schon mit ihrem Vater in den Wald gegangen.«*

Rund um das Essen können sich mit den Enkelkindern viele Aktionen und Spiele ergeben. Das reicht vom richtigen Einkaufen über das Rezepte-Malen bis zum Schreiben einer Speisekarte, und natürlich gibt es zahllose Möglichkeiten für Rollenspiele, etwa zum Thema Einkaufen oder Restaurantbesuch. Großeltern entwickeln dabei sehr kreative Ideen:

O-Ton: *Eine Oma beobachtete schon eine Weile, dass ihre Enkelkinder, drei und sechs Jahre alt, keine besonders gute Tischmanieren hatten. Bei einem Besuch bei ihr kamen sie zusammen auf die Idee, man könnte doch »Restaurantbesuch« spielen. Begeistert machten die Kinder mit: Sie verkleideten sich mit Hut und Umhang. Dann kam die offizielle Begrüßung im Restaurant, die Stühle wurden zugewiesen. Höflich wurde »Bitte« und »Danke« gesagt. Es gab Erklärungen, wie die Servietten zu verwenden sind, auch das Essen mit Messer und Gabel wurde eifrig geübt. »Die Kinder waren so angetan, dass wir auch bei den folgenden Besuchen dieses Spiel gestalteten. Einmal sollte es italienisches Essen sein, mit Spaghetti und Soße, ein anderes Mal wurde indisches Curry mit Reis gewünscht, und wir probierten sogar, mit Stäbchen zu essen. Ein besonde-*

res Highlight war ein richtiges Picknick mit karierter Tischdecke – mitten im Winter – auf dem Teppich im Wohnzimmer.«

Die Enkelkinder profitieren von solchen Rollenspielen: Sie bekommen Informationen, werden motiviert, und sie helfen gern tatkräftig mit. Sie übernehmen dabei ganz selbstverständlich auch unterschiedliche Aufgaben. Sie lernen vieles über den Alltag und fürs Leben. Bei diesen Rollenspielen macht das Lernen den Kindern meist auch noch sehr viel Spaß!

O-Ton: *Eine Oma erzählt ganz begeistert: »Ich habe mit meinen vier Enkelkindern Weihnachtsplätzchen gebacken. Den Teig für die Butterplätzchen und die Vanillekipferl habe ich schon vorbereitet. Die Kokosmakronen haben wir zusammen gemacht. Die Kinder kamen auf die Idee, Bäckerei zu spielen. Es sei fünf Uhr in der Früh und sie müssten sich beeilen, denn wenn der Laden dann um sieben Uhr aufmacht, müssen die Plätzchen fertig sein. Sie waren alle mit Feuereifer dabei. Die Jüngste war der ›Lehrling‹ und musste immer mal wieder was holen und bringen.«*

Schon der Pädagoge Friedrich Fröbel wusste vor über 200 Jahren: »Kinder lernen mit Herz, Hirn und Hand.« Genau die gleiche Idee verbirgt sich hinter dem heute geforderten »ganzheitlichen Lernen«, denn die Kinder lernen natürlich am allermeisten durchs Selbermachen. Sie stärken dabei nicht nur ihre Fertigkeiten und Wahrnehmung, sondern auch ihre Selbstwirksamkeit, denn sie erfahren: »Das kann ich schon alles«, gepaart mit der Einsicht: »Das muss ich noch üben und lernen.« Das gemeinsame Aufräumen oder auch Abwaschen ist dann auch noch vergnüglich.

O-Ton: *»Meine zweijährige Enkelin wäscht am liebsten ab«, erzählt eine Großmutter. »Sie schrubbt mit Bürste und Schwamm* *die Schüsseln und Löffel, die ich ihr gebe. Sie schüttet Wasser von einer Schüssel in die andere und wieder zurück. Sie plantscht einfach für ihr Leben gern.«*

Dass wir Großeltern dabei den Enkeln ein Vorbild sind, liegt auf der Hand und ist eine wunderbare Überleitung zum nächsten Kapitel!

Großeltern als Vorbilder

Für die gesamte Erziehung gilt, dass vielfach unsere Worte nicht so wirkungsvoll sind wie das, was wir den Kindern oder Enkeln vorleben. Sie orientieren sich am Vorbild der Erwachsenen und ahmen sie von klein auf nach. Neurobiologen sprechen von der Resonanz, die die kleinen Kinder (schon die Säuglinge) brauchen, um ein »Ich«, ein Individuum zu werden. Der Philosoph Martin Buber hat das einst sehr trefflich ausgedrückt: *»Am Du werden wir erst zum Ich.«*[7] So wie wir den Alltag gestalten, wie wir sprechen oder uns bewegen, das alles prägte schon unsere Kinder in unserer Familie und heute in einem gewissen Maß auch unsere Enkelkinder. Unsere Verhaltensweisen sowie das Vorleben der eigenen Werte sind ein bedeutender Grundstein für die Entwicklung der Kinder.

Die Enkelkinder beobachten das Verhalten ihrer Großeltern in unterschiedlichen Alltagssituationen. Wie sie ihr Leben gestalten, wie und was sie essen, welche Ansichten und Meinungen sie vertreten oder wie sie mit Ärger und Missgeschicken umgehen. Oder wie ein Haustier versorgt wird:

---

7 Quelle Buber-Zitat

O-Ton: *»Wir müssen noch den Kater füttern«, erinnert die Oma den fünfjährigen Enkel. »Ich kann dir helfen!«, erklärt dieser der Oma. Die richtige Schüssel, die richtige Portion und der richtige Platz – alles muss genau beachtet werden. Beide schauen dann dem Kater zu, wie er mit großem Appetit sein Futter verschlingt. »Streicheln können wir ihn, wenn er fertig gefressen hat, denn beim Essen stören wir ihn erst mal nicht, das mag er nicht«, bemerkt die Oma.*

So ganz nebenbei erfährt der Enkel, was alles wichtig ist, um eine Katze zu versorgen. Auch dass man vorsichtig mit dem Tier sein muss, denn Katzen fauchen und kratzen, wenn sie etwas stört. Den Enkelkindern nur »die Regeln« vorzutragen, wirkt lange nicht so nachhaltig, wie das Vorbild und die eigenen Erfahrungen.

O-Ton: *Zwei mittlerweile erwachsene Frauen erinnern sich daran, wie sie mit ihrem Opa die drei Wasserschildkröten im Terrarium gefüttert haben. Das war immer eine aufregende Sache. Sie bekamen mit einer Pinzette lebendige Mehlwürmer zugeführt. Die beiden Enkelinnen, damals drei und neun Jahre alt, schauten fasziniert zu. Die Große fand es toll und durfte das Glas mit den Mehlwürmern halten. Die Kleine sah skeptisch zu, es war ihr unheimlich und sie ekelte sich vor den Würmern. Der Opa erklärte ihnen die Lebensweise der Wasserschildkröten, und gemeinsam schauten sie sich nach dem Füttern noch ein Buch über die Tiere an.*

Die Enkelinnen erinnern sich an jedes Detail dieser Aktionen mit dem Großvater und mit welcher Geduld er die Tiere versorgte. Er erklärte ihnen als Kindern alles ganz genau. Durch sein Vorbild vermittelte er ihnen eine grundlegende Sensibilität für andere Lebensformen und den Respekt vor der Natur.

Das Interesse an besonderen Tätigkeiten, wie Basteln, die Reparatur von Fahrrädern oder sogar die Entdeckung musikalischer Talente kann durch das Vorbild vertrauter Erwachsener gefördert werden.

O-Ton: *»Einmal in der Woche kamen Opas Freunde zu Besuch, und dann musizierten sie«, erinnert sich ein erwachsener Enkelsohn. »Der Opa spielte Trompete. Das fand ich richtig toll. Selbst habe ich dann Gitarre gelernt und ich durfte später auch mitspielen.«*

Doch neben diesen vielen geglückten Beziehungserinnerungen gibt es auch die andere Seite, die auf Schwierigkeiten in den Beziehungen hinweist. Es gibt Enkelkinder, die wenig oder sogar keinen Kontakt mehr zu ihren Großeltern wollen. Oft war die Beziehung zu ihnen schon in den Kinderjahren der Enkel konfliktreich.

O-Ton: *»Ich bin nicht gern zu den Großeltern gegangen«, berichtet eine inzwischen 33-jährige Enkelin. »Ich habe immer irgendwas verkehrt gemacht, und die Oma hat mir dann vorgehalten, was ich alles falsch mache. Der Opa hat gleich laut geschimpft. Das fand ich damals ziemlich blöd.«*

Großeltern sind in der Erinnerung einiger Enkel Respektspersonen im negativen Sinne. Sie wussten genau: Hier darf man keine Widerworte geben, und man muss sich peinlich genau an bestimmte Regeln halten. Diese Enkel wollten nicht gern bei den Großeltern sein, und einige hatten sogar Angst vor ihnen.

O-Ton: *»Ich habe Angst vor dem Opa«, sagt eine fünfjährige Enkelin. »Der hat eine so tiefe Stimme und schimpft immer gleich.*

Beim Legospielen sagt er dann, ich soll doch aufpassen. Er ist so streng, und es macht keinen Spaß.«

»Meine Großeltern waren schon sehr alt und mit unseren Besuchen nicht sehr glücklich«, sagt ein erwachsener Enkel (27Jahre). »Sie wirken gestresst, und ich glaube, sie waren immer froh, wenn wir wieder gegangen sind. Auch wenn sie – was selten vorkam – zu uns zu Besuch kamen, gab es immer Ärger. Ich habe mich als Kind dann sofort in mein Zimmer verzogen und mich unsichtbar gemacht.«

Eine inzwischen 35-jährige Enkelin erzählt: »Meine Schwester und ich waren als Kinder einmal die Woche bei den Großeltern. Mich mochte meine Oma nicht, doch meine kleine Schwester war ihr Lieblingskind. Ich fühlte mich dadurch sehr gekränkt und habe mich immer mehr zurückgezogen. Als ich in die Pubertät kam, habe ich meine Oma nicht mehr besucht.«

Die Enkel erleben ihre Großeltern in schwierigen Situationen und sie beobachten, wie diese sich verhalten. Schreien sie laut oder bleiben sie eher gelassen? Oder fluchen sie gar? So erhalten die Enkel ein zusätzliches Rollenmodell, neben dem ihrer Eltern. Meist sind unsere spontanen Reaktionen, wenn wir uns aufregen und erst mal nicht gelassen reagieren, sehr interessant für die Enkel. Sie sehen die Aufregung, den Ärger und wie es ist, wenn wir uns danach wieder beruhigen oder uns eventuell entschuldigen. Gemeinsam mit den Enkelkindern können wir nach dem Vorfall darüber sprechen und nachdenken, was alles passiert ist. So ein reflektierendes Gespräch erklärt Verhaltensweisen und kann lösungsorientiert hilfreich für zukünftige Vorfälle sein. Enkel erleben, dass Missgeschicke und Fehler jedem jederzeit passieren können. Wie gut, wenn sie erfahren, dass man sie als Chance begreifen kann und nicht nur als Unglück. Ja, aus Fehlern kann man lernen! Das hilft den Enkeln für viele andere unvermeidlich auf sie zukommende Situationen.

Großeltern und die neuen Medien

In den meisten Familien sind moderne Unterhaltungs- und Kommunikationsmedien längst Bestandteil des Alltags. Die Enkelkinder wachsen ganz selbstverständlich mit ihnen auf und sind ihren Eltern und Großeltern in puncto Mediengewandtheit teilweise sogar überlegen. Deshalb richten sich die folgenden Tipps und Informationen darüber, wie das World Wide Web unseren Alltag bereichern kann, auch an Großeltern, die noch keinen oder wenig Umgang mit dem Internet und anderen digitalen Medien haben. Sie sollen Mut machen, sich die neuen Medien zu erobern, über Rechte aufklären und Nutzen und Gefahren aufzeigen. In erster Linie finden Sie hier einige Anregungen für diejenigen, die die Kommunikation via PC (Personal Computer), Smartphone & Co. mit den Enkeln pflegen.

Wenn Sie als Großeltern noch keinen Kontakt mit den neuen Medien haben, lohnt es sich für Sie, Ihre mögliche Scheu zu überwinden. Es ist mittlerweile wissenschaftlich bewiesen, dass das Gehirn lebenslang in der Lage ist, neue neuronale Verbindungen herzustellen. Den Satz »Was Hänschen nicht lernt, lernt Hans nimmermehr« können Sie also getrost in die Mottenkiste der überkommenen Glaubenssätze werfen. Mit ein bisschen Übung sind Sie bald in der Lage, im Internet zu surfen und mit Ihren Enkeln über Bildtelefonie zu kommunizieren. Das erleichtert insbesondere den Kontakt mit den Enkeln, die nicht in räumlicher Nähe wohnen. Es hält Sie geistig fit und bietet Ihnen eine gute Gelegenheit, auch mal etwas von Ihren Enkeln zu lernen, indem Sie sich die Funktionsweisen der unterschiedlichen Medien von ihnen erklären lassen.

All das trägt dazu bei, die Beziehungen zu stabilisieren. Außerdem wird ihr Enkelkind stolz auf Sie sein, weil seine

Alterskameraden das den Omas und Opas normalerweise nicht zutrauen. Und wenn Sie sich erst einmal daran gewöhnt haben, möchten Sie ganz sicher nicht mehr ohne diese Geräte auskommen!

O-Ton: *»Mein 25-jähriger Enkelsohn hatte mir das neue Smartphone eingerichtet und die Funktionen erklärt«, erzählt eine Großmutter. »Als ich ihm dann einmal über WhatsApp Bilder nach Berlin schickte, punktete er bei den Kommilitonen, die darüber erstaunt waren. ›Klar kann das meine Oma!‹, so der Kommentar meines Enkels.«*

Kontakte halten mit den Kindern, den Enkeln oder auch Freunden können Sie per E-Mail, der elektronischen Post. Nachrichten, Informationen und Bilder können augenblicklich weltweit ausgetauscht werden. Darüber hinaus können Sie übers Internet zeitlich und räumlich uneingeschränkt ein- und verkaufen. Ihre Urlaubsreisen können Sie online recherchieren und buchen. Auf Wunsch können Sie Ihre Bankgeschäfte mit gesicherter Datenübertragung von daheim aus erledigen. Zeitung, Radio, Fernsehen: Alles steht Ihnen im Internet zur Verfügung. In Ratgebern, Lexika und Diskussionsgruppen können Sie Interessantes zu Gesundheitsfragen, Bewegungstipps und zum Verbraucherschutz erfahren, vor allem auch, was Ihre Altersgruppe betrifft.

Es ist selbstverständlich eine ganz individuelle Entscheidung, ob man sich einen stationären Desktop-Personal Computer (PC) anschaffen möchte oder lieber ein Notebook (Laptop), also einen mobilen PC mit Tastatur. Der Desktop-PC braucht einen festen Platz, einen Bildschirm und eine Tastatur und ist meist sehr leistungsstark. Das Notebook steht dem nicht viel nach, hat jedoch den Vorteil, dass es mobil und überall benutzbar ist. Auch das Smartphone hat einen Internetanschluss und übernimmt darüber hinaus weitere Funktionen eines Computers.

Sind Ihre Enkelkinder bei Ihnen zu Hause im Internet unterwegs, ist es für Sie als Großeltern außerordentlich wichtig, über die Risiken des Internets Bescheid zu wissen – und wie Sie Ihre Enkel davor schützen können. Dafür sind normalerweise die Eltern zuständig, doch wenn die Enkel bei Ihnen sind, ist es gut, wenn Sie sich damit ebenfalls gut auskennen. Mit einer sogenannten »Kindersicherung«, die man sich aus dem Internet herunterladen kann, kontrollieren Sie beispielsweise, wie Ihre Kinder oder Enkel den PC nutzen. Sie können etwa Zeitlimits für bestimmte Wochentage festlegen. Auch lässt sich die Internetnutzung auf feste Zeiten begrenzen. Einzelne Programme oder Webseiten können mittels einer »schwarzen Liste« gesperrt werden und so weiter. Geben Sie einfach den Begriff »Kindersicherung im Internet« in einer Suchmaschine ein, und Sie finden ein entsprechendes Angebot.

i

TIPP

Sichere Passwörter

Die Passwörter für die E-Mail-Adresse, das Google-Konto, die Apple-ID und für das Microsoft-Benutzerkonto sind so wichtig, dass Sie diese Passwörter auswendig kennen oder sie notieren und an einem sicheren Ort verwahren sollten. Mit einem sogenannten Passwortmanager oder -generator (findet man über die Suchmaschine) lassen sich per Mausklick sehr sichere Passwörter erstellen und verwalten.

Es obliegt wie in allen Erziehungsangelegenheiten den Eltern, wie sie ihren Kindern den Gebrauch der Medien und die Internetnutzung erlauben. Doch in Fällen wie dem folgenden dürfte die Entscheidung klar sein:

O-Ton: *»Oma, schau mal, da sind so komische Bilder auf meinem Laptop. Wir wollten doch nur die Seite mit Sachen von ›Lillifee‹ anschauen«, so stürmte die fünfjährige Enkelin ins Wohnzimmer. Die Großmutter erzählt weiter: »Ich war zu Besuch, und die Mama eilte ins Kinderzimmer. Die drei Mädchen waren doch tatsächlich auf eine Pornoseite geraten. Sofort hat die Mama die Seite geschlossen und die Kindersicherung aktiviert.«*

Wie gut, dass Erwachsene hier für die Kinder »Schutzwälle« im Internet einstellen können, damit so etwas nicht passiert.

Wenn Sie und Ihre Enkel WhatsApp benutzen, können Sie einen Gruppen-Chat erstellen und mit mehreren Mitgliedern Ihrer Familie gleichzeitig kommunizieren. So kann beispielsweise Organisatorisches schnell abgeklärt werden. Wie dies auf einem Android- und Apple-Gerät funktioniert, finden Sie auf zahlreichen Webseiten.

Nicht nur Jugendliche, sondern auch immer mehr Kinder nutzen täglich sogenannte soziale Netzwerke wie Facebook. Offiziell erhalten Kinder unter dreizehn Jahren keinen Zugang, aber dies wird von Facebook nicht überprüft. Die Benutzer tauschen in erster Linie persönliche Mitteilungen aus und können dabei weltweit viele »Freunde« erreichen. Es ist für Sie als Großeltern sehr wichtig zu wissen, dass die Nutzung insbesondere für Kinder und Jugendliche ein gewisses Gefahrenpotenzial birgt. Eine gute Aufklärung darüber ist wichtig, um die Enkel zu schützen.

Es dürfen zum Beispiel nur selbst angefertigte Bilder veröffentlicht werden, um eine mögliche Urheberrechtsverletzung zu vermeiden. Postet man Bilder mit anderen Kindern, haben deren Eltern das Recht, die Veröffentlichung zu untersagen. Auch dürfen Kinder keine rechtsverletzenden Beiträge verfassen, indem sie beispielsweise Klassenkameraden bloßstellen. Und Jugendliche machen sich bei beleidigenden Äußerungen unter Umständen sogar strafbar. Außerdem können wie bei vielen Online-Medien der Datenschutz und die Wahrung der Privatsphäre problematisch sein. Deshalb gibt man persönliche Daten wie den vollständigen Namen oder die Adresse und die Handynummer keinesfalls an. Großeltern und Eltern sollten den Kindern raten, sich nur mit Nutzern »anzufreunden«, die sie auch aus dem persönlichen Leben kennen. Man kann nämlich nicht ausschließen, dass sich hinter unbekannten Personen, die bevorzugt den Kontakt mit Kindern suchen, Zeitgenossen verbergen, die pädophil oder kriminell sind. Wenn all diese Regeln eingehalten werden, sollte Facebook ohne große Gefahren eingesetzt werden können.

Für den angemessenen Umgang mit den neuen Medien sind also Absprachen mit den Kindern nötig. In der Familie sollte darüber hinaus besprochen werden, wann und wie lange sie benutzt werden dürfen. Doch diese Themen sind, wie bereits erwähnt, in erster Linie Erziehungssache und Elternangelegenheit. Wenn die Enkel bei den Großeltern sind, dann sollten die Großeltern sich an den Hinweisen, die sie von den Eltern zur Mediennutzung bekommen, orientieren. Weitere Hinweise finden Sie im Anhang.

Unterstützung und Hilfe bei speziellen Problemen

Die meisten Enkel wissen, dass sie sich auf ihre Großeltern verlassen können. Sie sind (fast) jederzeit für sie da, unterstützen sie, sind meist geduldige Zuhörer oder wissen in schwierigen Situationen oft einen guten Rat. Und gerade, wenn die Großeltern regelmäßig die Betreuung der Enkelkinder übernehmen, kann es auch vorkommen, dass die Kinder Sorgen aus dem Kindergarten oder der Schule zunächst einmal mit den Großeltern besprechen. Was können wir dann tun, um ihnen zu helfen?

Besondere Vorkommnisse in der Schule

In bestimmten Situationen benötigen unsere Enkelkinder unseren Beistand und Schutz. In Konflikten brauchen sie zuweilen eine Anregung, wie sie ihren Standpunkt angemessen vertreten können, ohne unsachlich oder verletzend zu werden. Ein anderes Mal ist es wichtig, ihnen bei heftigen Gefühlen wie Enttäuschung oder Wut beizustehen und gemeinsam nach neuen Perspektiven zu suchen, während sie, je nachdem, wie alt sie sind, andere Situationen allein bestehen können.

O-Ton: *Eine Oma berichtet, dass ihr Enkel eines Nachmittags weinend aus der Schule nach Hause kam. Er erzählte ihr, einige Mitschüler hätten ihn so geärgert, dass er sich mit ihnen prügelte. »Ich geh morgen nicht mehr in die Schule. Die sind so gemein«, sagte er voller Wut. Er konnte sich lange nicht beruhigen. Nach und nach kam die ganze Geschichte heraus: Es wurde eine Probearbeit geschrieben, und Enkel war darauf nicht* *vorbereitet. Er befürchtete, eine schlechte Note zu bekommen. Danach haben ihn die anderen Kinder geärgert, und er hat Rot gesehen. Allein das beruhigende Gespräch mit der Oma hat dem Kind geholfen, mit seinen Gefühlen zurechtzukommen. Sie haben darüber hinaus noch gemeinsam überlegt, wie der folgende Schultag verlaufen könnte – ob er vielleicht seinen Freund um Hilfe bitten könnte.*

In solchen Situationen ist es ratsam, Ihr Enkelkind zu beruhigen, um dann gemeinsam das Geschehen zu reflektieren – so, wie es die Großmutter im obigen Beispiel getan hat. Dadurch erleichtern Sie es dem Kind, sein Erlebnis zu überdenken und aufzuarbeiten. Das führt zu ersten Veränderungen und Lösungsansätzen, um zukünftig in ähnlichen Situationen angemessen mit Frustrationen und starken Gefühlen umzugehen.

O-Ton: *»Mein achtjähriger Enkel hat was erlebt«, berichtet eine Großmutter. »Er hat seine Geburtstagseinladungen verteilt. Einer der Jungen, die er einladen wollte, Marco, nahm die Einladung, zerriss sie vor seinen Augen und schmiss sie auf den Boden. Mein Enkel war fassungslos und brach in Tränen aus.« Als der Junge das seiner Oma erzählte, fragte sie nach dem genauen Hergang. Dabei stellte sich heraus, dass die beiden Jungs sich vorher gestritten hatten. Die Großmutter tröstete ihren Enkel, und nachdem er sich beruhigt hatte, wusste er genau, dass er Marco auf keinen Fall zu seinem Geburtstag einladen wollte.*

Versuchen Sie bei solchen Ereignissen, vorsichtig und liebevoll herauszufinden, was genau passiert ist, um dann gemeinsam mit dem Kind zu überlegen, wie es weitergehen könnte. Schuldzuweisungen sind dabei nicht hilfreich, erst einmal sollte es darum gehen, was sich zugetragen hat.

ⓘ

TIPP

- In Ruhe über das Ereignis sprechen und das Kind trösten.
- Botschaft: Gefühle sind in Ordnung, nur nicht jede destruktive Reaktion.
- Gemeinsam Lösungsideen für die Zukunft finden.
- Was braucht das Enkelkind noch, um zukünftig in Krisen bestehen zu können oder um eine befriedende Versöhnung herbeizuführen?
- Was kann es selbst dazu beitragen? Zum Beispiel verantwortlich handeln.
- Wo können Sie noch unterstützen?

Wenn Kinder in Not sind: Kinderschutz

Dieses Kapitel ist besonders für Familien wichtig, die mit dem Thema Kinderschutz konfrontiert sind und sich fragen, wie sie am besten helfen oder wo sie Hilfe bekommen können. Was Großeltern am häufigsten erleben, ist eine Vernachlässigung der Kinder – sowohl im Hinblick auf ihre physischen als auch auf die psychischen Bedürfnisse –, die auf eine Überforderung der Eltern zurückzuführen ist. Da dies oft sehr verborgen in den Familien geschieht, sind die Großeltern tatsächlich eine wichtige Instanz, um die Vernachlässigung zu erkennen und um Hilfe zu veranlassen.

O-Ton: *Eine mittlerweile erwachsene Frau erinnert sich: »Meine Oma mütterlicherseits versorgte mich einmal, als meine Mutter längere Zeit krank war. Sie wohnte bei uns, und es war entspannt und ruhig mit ihr; ich liebte sie sehr. Das ganz besondere Erlebnis mit ihr war aber, als mein Vater mich einmal bestrafen wollte und drohte, mir eine Ohrfeige zu geben – warum, weiß ich nicht mehr. Da stellte sich meine Oma vor mich hin und beschützte mich. Sie sagte zu meinem Vater: ›So lange ich hier bin, wird das Kind nicht geschlagen.‹ Ich war so froh, und ich war so stolz auf meine Oma. Sie beschützte mich und ist für mich eingetreten. Während der Zeit, als meine Oma da war, hat mein Vater mich auch nicht mehr geschlagen. Das war eine der wichtigsten Erfahrungen in meiner Kindheit.«*

Am Zeugnistag holte die Oma ihren Enkel von der Schule ab, sie wollten zusammen Eis essen gehen. Die Oma erinnert sich noch genau: »Mein Enkel kam schon verheult an! Ich fragte ihn, was denn passiert sei. ›Ich bin durchgefallen, nicht versetzt, ich habe ein ganz schlechtes Zeugnis. Der Papa wird mich grün und blau schlagen! Ich geh nicht nach Hause!‹, entgegnete er verzweifelt. Ich versuchte meinen Enkel zu beruhigen und wir besprachen die Sachlage tatsächlich bei einem Eis. Danach sind wir zusammen nach Hause und bereiteten uns auf das Gespräch mit den Eltern vor. Die Mutter nahm es relativ gelassen, doch der Vater schimpfte sehr. Ich bin erst gegangen, als ich sicher war, dass der Junge nicht geschlagen wird.«

Auch heute noch erleben viele Kinder und Jugendliche Gewalt in ihren Familien. 1992 wurde in Deutschland die UN-Kinderrechtskonvention ratifiziert, doch geben 38 Prozent der Kinder zwischen zehn und zwölf Jahren und sogar die Hälfte der 13- bis 15-Jährigen an, dass am häufigsten gegen das Kinderrecht auf gewaltfreie Erziehung verstoßen wird.[8]

Vor diesem Hintergrund ist es durchaus möglich, dass Sie als Großmutter, als Großvater mit Fragen des Kinderschutzes konfrontiert werden, auch wenn die Vorstellung zunächst einmal schwer fällt. Doch bitte schauen Sie genau hin, wenn Ihnen etwas auffällt. Sie machen sich Sorgen um Ihre Enkel? Sei es, weil diese krank sind oder es in ihren Familien große Probleme gibt? Durch meine jahrelangen Erfahrungen in der Familienarbeit im Kinderschutzbund habe ich zahlreiche Familien erlebt, die gravierende Probleme hatten. Vielfach waren es die Großeltern, die als Erste reagierten und Hilfe holten, da sie die Not der Enkel erkannten und ernst nahmen. Häufig sind es auch die Enkel selbst, die sich den Großeltern anvertrauen, wenn ein nahes Vertrauensverhältnis besteht. Hinweise können blauen Flecken oder Verletzungen der Kinder sein, die sich nicht erklären lassen. Wenn Ihre Enkelkinder Ihnen erzählen, dass sie geschlagen wurden, versuchen Sie, ruhig darauf zu reagieren – auch wenn es schwer fällt! Aufregung oder überzogene

---

8 Zinnecker, Jürgen u. a.: ***null zoff & voll busy***, S. 97

Reaktionen helfen den Enkeln meist nicht, im Gegenteil, es könnte die Situation sogar noch verschlimmern. Gerade in solchen Krisen kann es eine primäre Aufgabe der Großeltern sein, für ihre Enkelkinder da zu sein, wann immer es geht. Kinder benötigen dann ganz besonders stärkende Beziehungen. Jedes wohltuende positive Erlebnis ist wichtig, um sich von möglichen traumatischen Erfahrungen zu erholen. Somit kann gerade Ihre großelterliche Unterstützung die Stärkung sein, die für die Förderung der Resilienz, der Widerstandskraft Ihrer Enkelkinder sorgt. Beruhigende und besonnen geführte Gespräche mit dem Enkelkind sind ein erster Schritt, den Sie als Oma oder Opa unterstützend führen können. Anerkennung für das Vertrauen, das das Kind zu Ihnen hat. Geben Sie sich aber auch Zeit zum Nachdenken und erzählen Sie dem Kind, dass Sie überlegen, wie Sie ihm helfen können. Ebenso kann es hilfreich sein, mit dem Elternteil des Kindes zu sprechen, der nicht direkt in die Aktion verwickelt ist. Doch hier ist viel Sensibilität und Vorsicht nötig.

Denken Sie in Ruhe darüber nach, was Sie als Großeltern tun können, damit der Kontakt zum Enkelkind bestehen bleibt. Die meisten Großeltern sind geschockt, dass in ihrer Familie so etwas passiert. Holen Sie sich Unterstützung! Aktionismus und hektische Anschuldigen jedoch führen in der Regel nur zu Eskalationen, die Ihrem Enkelkind nicht helfen. Achtsamkeit und gutes Abwägen der Reaktionen helfen am besten weiter. Es geht – gerade beim ersten Kontakt mit Beratungsstellen – darum, Rat und Unterstützung zu erfragen und nicht um ein Anklagen oder Drohen. Themen wie Vernachlässigung, Gewalt in der Familie (psychische wie physische) oder sexueller Missbrauch erfordern professionelle Beratung und Hilfe. Die oberste Priorität ist es, für den Schutz der Kinder zu sorgen. Ein erster Schritt kann darin bestehen, dass Sie sich selbst Hilfe holen. Eine Möglichkeit dazu ist zum Beispiel das Elterntelefon, ein bundesweit gebührenfreies Gesprächs- und Beratungsangebot: Die »Nummer gegen Kummer« erreichen Sie unter der Telefonnummer 0800 1110550.

Die Beratungsstellen der Kinderschutz-Zentren, deren Adressen Sie im Anhang finden, bieten vielfältige Hilfen an, besonders für den Personenkreis der Verwandten, wie es Großeltern sind. Neben zahlreichen regional spezifischen Angeboten wird dort eine kostenlose Beratung und Therapie für Eltern, Kinder und Jugendliche angeboten. Besonders hervorzuheben ist, dass es in allen Zentren eine akute Krisenintervention bei eskalierenden Konflikten gibt.

Sie können – meist noch am selben Tag – einen Kinderschutzfachberater telefonisch erreichen und gemeinsam besprechen, wie weiter vorgegangen wird und was unternommen werden muss. Der Kontakt wird vertraulich behandelt und ist auch anonym möglich.

Wenn in Familien plötzlich Fragen des Kinderschutzes (Vernachlässigung, Gewalt) zum Thema werden, ist das für alle Beteiligten eine ganz besonders belastende Krisensituation. Großeltern, die dies in ihren Familien mit den Enkelkindern erleben, sind damit gefühlsmäßig ebenso belastet. Bei aller Betroffenheit und Schwere des Themas ist es jedoch für Sie wichtig, in erster Linie an die Unterstützung Ihres Enkelkindes zu denken. Erst in zweiter Linie geht es darum, wie es Ihnen gelingen kann, dem Elternteil oder den Eltern gegenüber respektvoll zu bleiben und trotzdem klar zu vertreten, das bestimmte Verhaltensweisen nicht tolerierbar sind. Eine sehr herausfordernde und schwierige Aufgabe. Doch zur Stärkung für das Enkelkind lohnt sich der Einsatz!

3 Ein Enkelkind – mehrere Enkelkinder

Ich kenne Großeltern, die ein Enkelkind haben, und andere, die zwei, drei oder noch mehr Enkel zählen. Die Familiendynamik bei mehreren Enkelkindern mit der damit verbundenen Geschwisterkonstellation unterscheidet sich stark von der Situation, wenn es nur ein Enkelkind gibt. Diese unterschiedlichen Situationen und was mit ihnen einhergeht, wollen wir uns genauer anschauen!

Ein Enkelkind – das Besondere

Ein Enkelkind und dazu vier Großeltern, oder vielleicht noch ein sozialer Großelternteil dazu – das sind neben den Eltern viele Erwachsene, die sich um ein Kind scharen. Leicht vorstellbar, dass sich in einer solchen Konstellation sehr viel um das einzige Enkelkind dreht. Da ist Verwöhnen angesagt, oder? Diese Familienkonstellation kommt in unserer Gesellschaft durch demografische Veränderungen häufig vor, und dann geht es für Sie als Großeltern um Fragen wie: »Wie gehen wir mit dieser Situation um?« und »Wie organisieren sich die Erwachsenen bei Besuchen, bei der Betreuung, bei dem Geburtstag oder zu Festtagen wie Weihnachten?«

Warum ist es so wichtig, sich darüber Gedanken zu machen? Gibt es tatsächlich ein Zuviel an Aufmerksamkeit? Ist es nicht wunderschön, wenn das Enkelkind im Mittelpunkt steht? Ja, selbstverständlich ist es das – und doch kann es ein Zuviel geben. Das Wohl des Kindes sollte im Fokus stehen. Es erlebt bei Familientreffen die Aufmerksamkeit aller Erwachsenen. Eine ganz normale Situation. Doch wenn das Kind Unfug macht, mit Gegenständen wirft, Sachen zerstört, sich und die Realität nicht mehr adäquat einschätzen kann – aber alle lachen und es lustig finden, dann ist das eine Situation, die für das Kind kippt, da es nicht mehr weiß, was gut ist und was nicht. Häufig enden solche Vorfälle für das Enkelkind mit Tränen und im Chaos. Es ist gut, wenn Sie als Oma oder Opa hier beruhigen oder regulierend eingreifen – vor allem dann, wenn die Eltern des Kindes passiv bleiben und dem überforderten Kind nicht helfen. Dann können Sie als Großeltern einspringen, dem Kind ruhig und bestimmt eine Grenze setzen und versuchen, es zu beruhigen. Kleine Kinder lassen sich gut leiten, wenn Sie ihnen eine positive Alternative bieten, wie zum Beispiel ein Bilderbuch anschauen oder etwas vorlesen. Manchmal ist es auch sinnvoll, sich zurückzuziehen und nicht einzugreifen, um die Situation zu entspannen. Dabei kommt es auch auf den Ort des Geschehens an: Spielt sich das Geschehen bei Ihnen zu Hause oder in einem anderen Umfeld ab? Sie brauchen ein gutes Fingerspitzengefühl dafür, was gerade passt – mit dem achtsamen Blick auf das Wohl des Enkelkindes.

Beim Thema Geschenke, ob zum Geburtstag oder zu anderen Anlässen, ist es empfehlenswert, wenn Sie sich mit den Eltern und anderen Verwandten absprechen. So verhindern Sie, dass das Kind mit Geschenken überhäuft wird. Besonders kleine Kinder sind damit regelrecht überfordert. Größere Kinder neigen infolge der Überflutung mit Präsenten dazu, den Wert der einzelnen Geschenke nicht mehr angemessen zu würdigen.

TIPP

Klare Absprachen helfen, Missverständnisse zu vermeiden.

Überlegen Sie gemeinsam: Wer übernimmt welches Geschenk und wer besorgt es?

Mitunter sind es ja auch große Wünsche, die erfüllt werden sollen – dann bietet sich die folgende Lösung an:

O-Ton: *Die siebenjährige Enkelin wünschte sich zum Geburtstag ein Fahrrad, »ein richtiges«, wie sie sagte. Die Eltern besprachen das mit den vier Großeltern, und alle beteiligten sich an den Kosten. So konnte sich das Kind ein schönes Kinderrad in seiner Größe aussuchen, sogar mit dem passenden Fahrradkorb. Das Enkelkind war sehr stolz und die Eltern finanziell entlastet.*

Mehrere Enkelkinder

Viele Großeltern haben mehrere Enkelkinder, dann gilt: Viele Enkel und viele Fragen! Wie teile ich meine Zeit ein? Wie oft und wie lange sehe ich die Kinder? Viele Fragen kreisen um die gerechte Verteilung der Ressourcen, einerlei, ob Zeit, Aufmerksamkeit oder Geschenke.

Und noch ein ganz anderer Aspekt verlangt unsere Aufmerksamkeit: Kann es bei mehreren Kindern so etwas wie ein Lieblingskind geben? Für Großeltern also ein Lieblingsenkelkind? Die Antwort darauf ist komplex, da Beziehungen oft sehr vielschichtig sind. Manchmal kommt es vor, dass ein Kind uns vertrauter, ähnlicher ist und wir es besser verstehen als ein anderes. In solchen Fällen ist es ratsam, das Kind, besonders in Anwesenheit der anderen Enkel, ganz bewusst nicht bevorzugt zu behandeln. Es kann ebenso sein, dass wir mit einem Enkel nicht so gut klarkommen und das Verhalten des Kindes nicht verstehen. Dann ist es ebenso wichtig, dieses Enkelkind nicht zu benachteiligen. Jedes ist auf seine Art etwas ganz Besonderes! Es gilt, die Fähigkeiten und Eigenarten eines jeden Kindes zu erkennen und zu berücksichtigen. Sie können als Oma und Opa jedem Enkel das Gefühl geben, etwas ganz Besonderes zu sein und es mit genau seinen Fähigkeiten und seinen Talenten sehen.

Geht es um das Thema Geschenke, so haben viele Mehrfach-Großeltern gute Erfahrungen damit gemacht, jedem Kind den gleichen Betrag zukommen zu lassen. Ein wenig komplexer wird es, die vielen unterschiedlichen Bedürfnisse und Wünsche der Kinder zu berücksichtigen.

O-Ton: *»Mein ältester Enkel ist siebzehn und fast erwachsen, während der jüngste gerade zwei Monate alt ist«, berichtet eine Großmutter, die acht Enkelkinder hat. »Mit dem Großen bin ich ins Theater gegangen, da ihn das sehr interessiert, und mit dem 15-Jährigen waren wir gemeinsam in einem indischen Restaurant. Sehr gern wollen die Enkel mit mir Anziehsachen kaufen. Für jedes Kind nehme ich mir extra Zeit, und es kann sich nach seinem Geschmack etwas aussuchen. Dabei erfahren die Enkel auch gleich, was die Sachen kosten.«*

Großeltern, die mehrere Enkel haben, berichten übereinstimmend, dass es eine große Aufgabe ist, mehr Zeit braucht, ja, manchmal Nerven und auch Geld kostet, jedem einzelnen Kind gerecht zu werden. Doch immer wieder wird auch betont, wie lohnend und schön es ist, wenn die Enkelkinder spontan ihre Freude und Zuneigung äußern.

O-Ton: *»Meine drei Enkel leben in Wien, und wir sehen uns nur ab und zu«, erzählt eine Großmama. »Wenn sie uns besuchen, dann sind wir einige Zeit sehr nah und intensiv zusammen. Die älteste Enkelin ist sieben Jahre alt und in die Schule gekommen, und die kleinen Brüder sind fünf und zwei Jahre alt. Da ist immer was los, und manchmal ist es ganz schön chaotisch. Mit der Großen unternehme ich schon mal was allein, und wir genießen es sehr.«*

Enkelkinder in verschiedenen Altersstufen

Es klang schon an: Bei mehreren Enkelkindern ist es nicht immer einfach, allen gerecht zu werden. Das liegt unter anderem daran, dass die Bedürfnisse je nach Alter sehr unterschiedlich sind. Daher ist der Blick auf die einzelnen Entwicklungsphasen der Kinder hilfreich, um einzuschätzen, was Kinder in bestimmten Altersstufen zum förderlichen Wachstum benötigen. Im Fokus des Interesses steht, was Kinder stärkt und fördert.

Enkel im Babyalter

Säuglinge vom Neugeborenen bis zum vollendeten ersten Lebensjahr sind in einer ganz außerordentlichen Entwicklungsphase. Einmalig in dieser Phase ist die rasante körperliche und seelische Entwicklung des Kindes. In nur einem Jahr wird aus dem kleinen, hilflosen Baby das aufrecht gehende Kleinkind.

Babys benötigen in diesem Alter vor allem eine Basis an Grundversorgung durch Nahrung und Pflege sowie fürsorgliche soziale Kontakte mit ihren nahen Bezugspersonen.

Säuglinge brauchen zudem zur Regulation ihrer Gefühle und Spannungszustände Eltern oder Großeltern, die sie trösten und beruhigen. Dieses Fundament fördert eine positive Bindung, die alle Säuglinge für ihre Entwicklung benötigen. So ist das Verhalten der Erwachsenen, wenn sie mit dem Baby kuscheln, es warm und geborgen im Arm halten, mit ihm sprechen, es anlächeln und auf seine Reaktionen achten und darauf wiederum reagieren, genau das Richtige für eine sichere Bindung.

Kleine Kinder brauchen feste Bezugspersonen. Meist sind das die Eltern, und zusätzlich können Sie als Oma und Opa diese Rolle einnehmen. Großeltern sind glücklich, wenn sie ihr Enkelkind im Arm halten, wenn es sie anlächelt oder entspannt einschläft. Solch eine emotionale Beziehung von Anfang an schafft Nähe und legt den Grundstein für eine gute Beziehung.

O-Ton: *»Ich schmelze dahin, wenn ich meine drei Monate alte Enkelin auf dem Arm halte. Dieses kleine warme Wesen, das so wunderbar nach Baby duftet. Mich mit großen Augen ansieht. Und ich genieße einfach jede Minute mit ihr«, berichtet eine Großmama.*

Großeltern, insbesondere die Großmütter, sind gern gesehene Babysitter für die Kleinsten. Doch die Hauptverantwortung für die Versorgung der kleinen Kinder übernehmen natürlich die Eltern. Sie wachsen in diese neue Aufgabe hinein. Und sie haben oft ihre eigenen und durchaus berechtigten Ansichten.

O-Ton: *»Meine Mutter war Säuglingsschwester und wusste alles über Säuglinge«, erzählt eine Mutter. »Sie gab mir viele gute Ratschläge, als mein erstes Kind zur Welt kam. Viele waren mir sehr hilfreich. Doch sie meinte unter anderem, ich sollte* *das Baby ja nicht zu sehr verwöhnen: ›Wenn es nachts schreit, lass es schreien.‹ Ich weiß es noch wie heute: Als ich mit meiner neugeborenen Tochter nach Hause kam, habe ich immer wieder nach ihr geschaut, ob auch alles in Ordnung ist. Nachts schreien lassen, das konnte und wollte ich nicht, da hab ich die Kleine zu mir ins Bett geholt, und wir haben im großen Bett wunderbar zu dritt – mit dem Papa – geschlafen. Sie hat übrigens sehr bald durchgeschlafen!«*

Übernehmen wir Großeltern die Versorgung des Babys, ist es sinnvoll, wenn die Eltern genau erklären, wie sie das Kind versorgt wissen wollen. Die Anleitungen geben Ihnen als den Babysitter-Großeltern Sicherheit und beruhigen die jungen Eltern. Was erwarten die jungen Eltern: Wie wird gewickelt, welche Aufgaben sollen wir als Großeltern übernehmen? Für manche ist ein sogenannte »To-Do-Liste« durchaus hilfreich: Was genau soll getan werden, wenn das Kind schreit? Soll es ein Fläschchen bekommen? Ist Wickeln gewünscht? Hochnehmen und Herumtragen? Und wo ist ein Fläschchen mit Tee oder Milch für das Baby? Wo sind die Wickelsachen?

Wenn das Kind über einen längeren Zeitraum in Ihrer Obhut sein soll, ist es gut zu wissen, wie der normale Tagesablauf des Babys aussieht. Was sind gewohnte Essenszeiten oder Rituale, die dem Kind helfen können, die neue Betreuungsperson gut anzunehmen? Je vertrauter Sie als Großeltern sind, umso leichter ist es, das Enkelkind in dieser frühen Zeit zu betreuen. Sollten die Großeltern das Baby auch über Nacht hüten, dann sind noch weitere Anleitungen hilfreich: Wie ist das Abend- und Einschlafritual? Wickeln und Schlafanzug anziehen, danach füttern – oder andersherum? Wird gesungen, das Kind gestreichelt oder im Arm gehalten? Gibt es ein Lieblingsstofftier für die Nacht? Für Sie als

Oma und Opa sind diese Informationen eine wichtige Orientierungshilfe, und manchmal ergibt sich ein Zusatzritual, das Sie aus Ihrem großen Erfahrungsschatz dazu erfinden.

ⓘ

TIPP

Wenn Sie die Aufsicht über ein Enkelkind übernehmen, sollten Sie diese Informationen stets greifbar haben:

- Wo und wie sind die Eltern erreichbar?
- Gibt es »Notfalladressen«, beispielsweise vom behandelnden Kinderarzt? Denken Sie auch an die Versicherungskarte des Kindes!

Außerdem ist es für den Fall der Fälle sehr hilfreich, wenn Sie sich von den Eltern des Kindes eine Vollmacht darüber ausstellen lassen, dass ein Arzt das Enkelkind behandeln darf, wenn die Eltern nicht erreichbar sind. Sicher ist sicher! Keiner hofft, dass man so etwas braucht, doch es beruhigt alle!

Enkel im Kleinkindalter

Kinder im Alter von eins bis sechs Jahren sind in einer Entwicklungsphase, die auffällige körperliche sowie kognitive Veränderungen mit sich bringt: vom rundlichen Kleinkind über das aktive Vorschulkind bis hin zum Schulkind. Die Kinder wachsen enorm schnell in die Länge, und das babyhafte Aussehen verschwindet. Die grobmotorischen Fähigkeiten wie Laufen, Klettern, Balancieren entwickeln sich genau wie die feinmotorischen, etwa Malen oder das Schneiden mit der

Schere, weiter. Und auch die sozial-kognitiven Kompetenzen bilden sich weiter aus. Kinder sind gerne mit anderen Gleichaltrigen zusammen und machen erste soziale Erfahrungen. Die Verständigung durch die Sprache entwickelt sich, die gesamte Umwelt wird verstärkt wahrgenommen. Für die emotionale Entwicklung bedeutet diese Phase, dass sich die Kinder zunehmend ihrer Gefühle bewusst werden, sie auch sprachlich zum Ausdruck bringen können. Mehr und mehr lernen die Kinder im Laufe der Zeit auch, sie selbst zu regulieren. Sie fangen an zu erkennen, dass andere Personen Gefühle haben und verstehen diese(Empathie). Dieser Entwicklungsprozess dauert in der Regel bis ins Schulalter.

Die Enkel sind in diesem Alter meist schon mit Ihnen als den Großeltern vertraut, und die Kontaktaufnahme gelingt einfach. Die Kinder lieben es, wenn sie persönlich angesprochen werden. Oma und Opa interessieren sich für die Enkel, für das, was diese gerne tun, man kann sich mit ihnen richtig unterhalten und natürlich mit ihnen gemeinsam spielen. Körperkontakt mögen Kinder in diesem Alter oft noch sehr gerne. Sie wollen meist auf den Arm genommen werden, sie lieben es, zu kuscheln oder auf dem Schoß zu sitzen und Bilderbücher anzusehen. Aber hier bitte achtsam sein, denn manche Kinder möchten mehr Distanz und nicht so viel Nähe! Die allermeisten Kinder brauchen viel Bewegung. Sie sind aktiv, haben Freude am Laufen, Springen und Klettern. Daher sind Spielplatzbesuche oder Spaziergänge, die Möglichkeiten zum Toben bieten, für die Kinder gut. Sie halten uns Großeltern manchmal ganz schön auf Trab! Sie als Oma und Opa schieben die Wippe an oder helfen die Treppenstufen zur Rutsche hinauf und achten auf die Geschwindigkeit. Doch manche Kinder sind sehr vorsichtig beim Klettern und eher ängstlich. Hier können ermutigen und unterstützen. Andere dagegen klettern mutig hoch, überschätzen schon mal ihr Können – da ist es besonders wichtig, auf sie zu achten, damit ihnen nichts passiert.

Für die Sozialisation der Kinder ist es wichtig, sich im Kontakt mit Gleichaltrigen zu üben. Daher besuchen Kleinkinder heute meist eine Kindergruppe, die Krippe oder den Kindergarten. Die Kinder verhalten sich untereinander anders, als wir Erwachsene es im Umgang mit den Kindern tun. Gerade wir Großeltern sind manchmal besonders nachsichtig, während Kinder untereinander meist sehr direkt sind und schnell reagieren. Klar und deutlich wird es benannt, wenn etwas nicht klappt oder eine Regel übertreten wird. Wettspiele sind beliebt, um sich gegenseitig zu messen. Dabei geht es um das Thema »Gewinnen oder Verlieren«. Die Kinder sind knallhart: Es gibt Regeln, die eingehalten werden müssen – und wer verloren oder gewonnen hat, ist eindeutig..

Sind sie mit Gleichaltrigen zusammen, sind unsere Enkel mit genau solchen Situationen konfrontiert und lernen dabei, mit Frustrationen umzugehen. Einigen Kindern fällt dies sehr schwer, besonders, wenn sie es nicht aus einer Geschwistersituation in der Familie kennen.

Aus den Kindergruppen erfahren Sie als Großeltern sicher einiges von dem, was die Enkelkinder dort erleben. So zum Beispiel, wie die neue Freundin oder der neue Freund heißt und dass sie dort mit anderen Kindern Dinge teilen müssen. Oder dass sie warten müssen, bis sie an der Reihe sind. So erfahren Sie, ob Ihr Enkelkind mit diesen sozialen Aufgaben gut zurecht kommt oder ob es hier ein wenig Hilfe und Unterstützung braucht. Einzelkinder zeigen manchmal Verhaltensauffälligkeiten, da sie es nicht gewohnt und ungeübt sind, mit mehreren Kindern in einer Gruppe auszukommen. Oma und Opa sind meist geduldige Zuhörer und können mit dem Enkel über die Vorkommnisse sprechen. Falls sich Ihr Enkelkind mit anderen Kindern gestritten hat, haben Sie die Chance, erste Streitschlichtungsideen mit ihm gemeinsam zu entwickeln. Reflektierende Gespräche stärken die Kinder sehr, sie helfen ihnen dabei, Situationen zu überdenken und sie machen Mut, um in Zukunft Handlungsalternativen auszuprobieren.

ⓘ

TIPP

Reflektierende Enkelgespräche

- Frage an das Kind: »Was ist denn passiert?«
- Streitgeschichte erzählen lassen.
- Gemeinsam darüber reflektieren und überlegen, was das Kind anders machen könnte.
- Das Kind ermutigen, , das neue Verhalten tatsächlich auszuprobieren, wenn etwas Ähnliches passiert.

Oft bekommen Sie von den Enkeln Kunstwerke wie Bastelarbeiten und Bilder präsentiert. Kinder sind stolz auf ihre Werke, und sie freuen sich über Lob und Anerkennung. Dies stärkt das Selbstvertrauen und motiviert viele Enkel, weiterhin kreativ zu sein. Bringen Sie Ihre Freude also deutlich zum Ausdruck!

Großeltern mit Kindergartenkindern werden oft von den Eltern damit beauftragt, die Enkel von der Kindergruppe oder dem Kindergarten abzuholen. Vorab ist zu klären: Wann soll das Kind abgeholt werden? Ist die Kinderkrippe oder der Kindergarten informiert, und darf ich das Kind abholen? Dazu ist eine Vollmacht erforderlich, und Sie werden in die Liste der Personen eingetragen, die berechtigt sind, das Kind abzuholen. Manche Institutionen wollen auch ein Foto, damit sie die Person erkennen, die berechtigt ist, das Kind zu holen.

Für die betreuenden Großeltern geht es dann unter Umständen auch um die weitere Tagesgestaltung: Welche Aktion ist sinnvoll? Gehen wir gleich nach Hause oder noch auf den Spielplatz? Was soll das Kind essen? Braucht es noch eine Mahlzeit oder genügt eine Brezel? Darf es auch ein Eis oder etwas Süßes sein? Zu klären ist ebenfalls, ob das Enkelkind Medikamente einnehmen muss oder sonst auf etwas Außergewöhnliches geachtet werden soll. Manche Eltern haben feste Vorstellungen darüber, wie ihre Kinder versorgt werden sollen, und andere überlassen es ganz den Großeltern. Die einen wollen mitsprechen, damit das Kind Obst- und Gemüseschnitze bekommt und keine süßen Sachen. Andere Eltern sehen das locker und geben keinerlei Anweisungen. Wenn Sie als Großeltern von den Eltern Vorgaben erhalten, ist es sinnvoll, diese zu achten. Ausnahmen von der Regel, die es ja immer mal geben kann, sollten – wenn es geht – vorher mit den Eltern abgesprochen werden. Ist bei der Betreuung etwas anders gelaufen, als es ursprünglich abgemacht war, dann sollte bei der Übergabe der Kinder davon berichtet werden.

O-Ton: *»Ich hab heute mit der Oma zweimal Eis gegessen, einmal Vanille und einmal Erdbeere«, erzählt die Dreijährige stolz der Mama. Die ist entsetzt, denn so viel Eis sollte das Kind nicht bekommen. Sie schimpft mit der Großmutter, und diese geht beleidigt nach Hause.*

Von solchen und ähnlichen Situationen erzählen mir die Teilnehmer des Großelternkurses immer mal wieder. Schnell kann es im Umgang mit den Enkeln dazu kommen, und es stellt sich die Frage, welche Lösungsmöglichkeiten es für ähnliche Situationen in der Zukunft gibt. Die Erfahrung zeigt, dass es gut ist, wenn die Erwachsenen sich miteinander aussprechen und Kränkungen nicht einfach stehen lassen. Für das Enkelkind, das merkt, wenn es offenbar »etwas Falsches« gesagt hat, ist es hilfreich zu erfahren, wie sich Mama und Oma geeinigt haben und dass sie sich wieder vertragen. Bei dem obigen Beispiel wäre es möglich, dass die Großmutter und die Mutter ausmachen, dass das Kind ein Eis essen darf. Dies wird mit der Oma und dem Kind besprochen. Gute Voraussetzungen für ein Gelingen des nächsten Sommernachmittags!

Genaue Absprachen und gute Vorbereitung ist auch hilfreich, wenn das Enkelkind bei Oma und Opa übernachten darf. Für das Kind ist es spannend, wenn es allein bei den Großeltern schlafen darf. Alles ist anders als zu Hause – teils vertraut und manchmal doch fremd. Sie als Großeltern stehen vor der Aufgabe, wie Sie für das Kind sorgen können, damit es sich bei Ihnen wohlfühlt. Denn die Kinder spüren Unsicherheiten! Machen Sie sich deshalb rechtzeitig Gedanken, wie Sie die Situation möglichst entspannt gestalten können.

Doch was können Sie tun, wenn trotz aller Vorbereitungen – und auch Vorfreude! – das Enkelkind weint und zu seinen Eltern nach Hause möchte? Nehmen Sie es in die Arme, um es zu beruhigen und zu trösten. Sagen Sie ihm, dass alles in Ordnung ist und dass Sie es beschützen. Manchmal hilft es auch, zur Ablenkung eine Geschichte zu erzählen oder ein Bilderbuch anzuschauen.[9]

Möchte Ihr Enkelkind vor dem Schlafengehen noch fernsehen? Auch das ist ein Thema, bei dem es sehr sinnvoll ist, mit

---

9 Besonders gut geeignet ist etwa das Buch ***Ich bin für dich da!*** von Jochen Till (illustriert von Zapf), eine wunderschöne Geschichte über das (Nicht-)Alleinsein und Trösten.

den Eltern vorab Absprachen zu treffen: Darf das Kind etwas anschauen? Und wenn ja, wie viel? Selbst wenn die Eltern ihre Zustimmung gegeben haben, ist es gut, wenn die Großeltern darauf achten, was das Kind anschaut. Lassen Sie das Kind nicht allein und sprechen Sie anschließend noch darüber, was es wahrgenommen hat – vor allem auch im Vergleich zu dem, was Oma oder Opa gesehen und gehört haben. Das kann spannend, aufregend und interessant sein.

O-Ton: *»Als wir bei den Großeltern übernachteten, schimpfte der Opa, weil wir Quatsch machten und nicht einschlafen konnten«, erzählen zwei Enkel, vier und neun Jahre alt. »Dann kam die Oma und hat mit uns noch Gute-Nacht-Lieder gesungen, danach sind wir eingeschlafen!«*

Ja, manchmal kann es sein, dass die Großeltern ein »Machtwort« sprechen müssen, damit den zappeligen und aufgeregten Kindern eine Grenze gesetzt wird. Es braucht manchmal eine Weile, bis sie wirklich zur Ruhe kommen.

TIPP

Für die Übernachtungssituation gilt, wie bei den normalen Besuchen auch: Klare Grenzen setzen, vor allem, wann das Enkelkind ins Bett soll! Aktionen sollten beizeiten beendet und eine ruhige und entspannte Situation geschaffen werden, dann kann das Einschlafen leichter gelingen. Falls Sie als Großeltern ein Machtwort sprechen müssen: Die Enkel nicht im Ärger alleine lassen!

Enkel im Schulalter

Wenn Kinder heute in die Schule kommen, dann sind viele Großeltern mit manchen neuen Entwicklungen in dieser Institution konfrontiert. Besonders bei sehr alten Großeltern waren die eigenen Erfahrungen oft noch ganz andere, auch wenn sie mit ihren Kindern zwischenzeitlich schon einiges aus dem moderneren Schulalltag kennengelernt haben.

O-Ton: *»Als ich in die Schule kam, da ging ich noch in eine reine Mädchenklasse, und wir hatten einen eigenen Mädcheneingang«, berichtet eine 88-jährige Urgroßmutter.*

Eine andere Großmutter, 60 Jahre alt, berichtet, dass in ihrer Klasse die Mädchen Handarbeiten hatten und die »Buben« währenddessen eine Freistunde genossen. Sie fand das damals sehr ungerecht.

»Was die Kinder heute alles lernen müssen, bei uns war das anders. Lauter Fremdwörter, also nein!«, empört sich eine 76-jährige Großmutter. Ihr Enkel hat sie nach Adjektiven gefragt, und da wusste sie nicht Bescheid.

Selbstverständlich gehen Mädchen und Jungen längst in eine Klasse, die Koedukation, wie man das gemeinsame Unterrichten nennt, wurde in Deutschland zwischen 1950 und 1960 zum allgemeinen Schultyp, und den Großeltern ist das natürlich nicht neu. Nur einige wenige Schulen bieten reine Mädchen- oder Jungenklassen an. In den Regelklassen sind bis zu 25 Kinder, in privaten Schulen sind es manchmal weniger oder auch mehr. Normalerweise lernen Kinder gleichen Alters in einer Klasse gemeinsam, doch aus den unterschiedlichsten Gründen reicht die Altersspanne der Kinder in den ersten Klassen meist von knapp sechsjährigen bis zu sieben- oder achtjährigen Kindern. In der Montessori-Schule gibt es Klassen, die gemeinsam in einem Klassenverband von der ersten bis zur vierten Jahrgangsstufe unterrichtet werden. In manchen Landschulen sind die erste und zweite Klasse in einer zusammengefasst.

Die Fächer haben ihre Namen geändert und variieren in ihren Bezeichnungen ohnehin von Bundesland zu Bundesland. Die Kinder haben heute Werken und Gestalten statt Handarbeiten, und zwar Jungen und Mädchen gemeinsam. Gleich geblieben sind die Fächerbezeichnungen für Mathematik, Deutsch und Englisch, ebenso wie Kunst, Musik und Sport. Neu ist das Fach Medienerziehung und Ethik, und der Heimat- und Sachunterricht ist erweitert um Umweltthemen und Gesundheitsförderung.

An vielen Schulen wird nach der bekannten Druckschrift eine sogenannte vereinfachte Ausgangsschrift gelehrt. Das Schriftbild sieht anders aus, als wir Großeltern das noch kennen. Großen Wert legt man in der Schule heute auf die Partizipation der Kinder: Dieses Kinderrecht bedeutet, dass die Kinder bei Entscheidungen, die ihr eigenes Leben und die Gemeinschaft betreffen, mitbestimmen sollen. Themen wie Medienerziehung, soziale Konfliktlösung und Mobbingprävention werden für viele Klassen angeboten, um die Kompetenzen der Kinder zu erweitern.

Geändert hat sich auch, dass behinderte und nicht behinderte Kinder gemeinsam zur Schule gehen (Inklusion). Wenn es nötig ist, werden die Kinder von persönlichen Assistenzen unterstützt.

Der Bereich der Kommunikation hat heute in der Schule einen großen Stellenwert. Die Kinder arbeiten vielfach in Gruppen oder Teams zusammen, führen Kreisgespräche oder Diskussionen. Von der ersten Klasse an halten sie kleine Vorträge oder Referate vor ihren Mitschülern. Die Kinder führen

Klassenkonferenzen durch, außerdem gibt es gemeinsame Schulversammlungen, bei denen alle Kinder der Schule zusammenkommen, um sie betreffende Themen zu besprechen.

O-Ton: *»Meine Enkelin hatte über die Weihnachtsferien als Hausaufgabe auf, ein Buch zu lesen und es dann nach den Ferien der Klasse vorzustellen. Sie sollte den Inhalt wiedergeben und auch sagen, was ihr besonders gut gefallen hat. Das fand ich für die zweite Klasse eine richtig herausfordernde Aufgabe. Meine Kleine hat mir ihre Buchpräsentation vorgestellt, und wir haben noch darüber nachgedacht, was sie verbessern kann«, erzählt eine Oma.*

Schulkinder möchten normalerweise gern etwas leisten und etwas gut oder sogar sehr gut können. Der Selbstwert des Kindes erwächst aus der Sicherheit heraus, den Leistungsanforderungen gewachsen zu sein. Die anderen Kinder in der Klasse und in der Schule werden wichtige Orientierungspersonen, und die soziale Anerkennung gewinnt an Bedeutung. So erfahren die Großeltern aus der Schule, dass es dort eine Clique gibt, zu der das Enkelkind gehört, ein Mädchenclub wird gegründet, oder die Jungen finden sich in einer Bande wieder. Doch manchmal machen die Enkelkinder auch die Erfahrung, dass sie nicht dazugehören oder sogar ausgeschlossen werden. Dann ist es gut, wenn Sie als Großeltern durch das unterstützende Zuhören helfen können.

O-Ton: *Um die Weihnachtszeit vertraute sich die sechsjährige Enkelin der Oma an: »Es ist schon genug mit der Schule. Es macht mir keinen Spaß mehr. Kannst du mich nicht abmelden?« Das vertrauliche Gespräch mit der Enkelin erbrachte, dass alle in ihrer ersten Klasse schon lesen konnten, nur sie nicht. Immer wenn sie aufgerufen wurde, sagte sie nichts mehr, denn sie* *wusste ja, sie konnte es nicht. Die Oma machte den Vorschlag, bei jedem Besuch mit der Enkelin gemeinsam zu lesen. Und natürlich erklärte sie der Enkeltochter auch, warum sie sie nicht einfach von der Schule abmelden könne.*

Gerade die Grundschule ist der Ort, an dem ganz unterschiedliche Kinder aufeinandertreffen. Sie als Großeltern erfahren, dass Ihre Enkelkinder mit Kindern in einer Klasse sind, die schon ein Jahr älter oder auch jünger sind als sie selbst, dass es Kinder gibt, die schon lesen können und ebenso welche, die es noch nicht können. Sie wissen aus Ihrer Eltern-Erfahrung, dass es in den Klassen Kinder mit unterschiedlichen Begabungen und Kenntnissen gibt, und sie alle werden gemeinsam unterrichtet, ihre Leistungen werden bewertet, und sie lernen, sozialkompetent miteinander auszukommen. Es kann sein, dass Ihnen die Enkel die eine oder andere Schulgeschichte berichten oder Sie gar um Hilfe in Konfliktfällen bitten.

Überlegen Sie gemeinsam: Wie verhält man sich in herausfordernden Situationen? Was kann man beim nächsten Mal besser machen, wenn etwas schlecht gelaufen ist? Verhaltensänderungen gelingen am besten über selbst gemachte Erfahrungen und die daraus gewonnene Einsicht. Ein reflektierendes Gespräch, etwa mit Ihnen, kann den Enkeln helfen, ein Geschehen besser zu verstehen. Dies wirkt auch noch im Nachhinein – positiv und stärkend. Kinder fühlen sich gut, wenn sie von uns Erwachsenen ernst genommen und gleichwürdig behandelt werden. Damit ist gemeint, dass wir den Kindern auf Augenhöhe (ganz real: wir beugen uns hinunter oder gehen in die Hocke) begegnen und sie in ihren Bedürfnissen annehmen. Unabhängig davon, dass Kinder Rechte haben, obliegt es uns Erwachsenen, sie verantwortlich zu führen und durchs Leben zu begleiten.

Mädchen und Jungen

Haben Sie sowohl Enkeltöchter als auch Enkelsöhne? Wenn das so ist: Erleben Sie das Verhalten der Kinder als jeweils »typisch« für das Geschlecht? »Ja sicher!«, werden die einen sagen, und bei anderen können wir hören: »Nein, so einfach geht das nicht.« Die Enkelkinder sind natürlich – unabhängig von ihrem Geschlecht – individuell unterschiedlich, und darauf gilt es zu achten.

Die primäre Rollensozialisation von Mädchen und Jungen findet in der Familie statt. Hier bekommen die Kinder grundlegende Prägungen und lernen ihre geschlechtsspezifischen Rollen kennen – sofern man heutzutage davon noch sprechen kann und will. Die Einstellung der Erwachsenen gegenüber Mädchen und Jungen hat dazu eine signifikante Auswirkung auf deren Entwicklung. Sind wir als Eltern oder Großeltern zu den Mädchen deutlich anders als zu den Jungen? Gibt es gar überkommene stereotype Rollenzuschreibungen wie »Jungs weinen nicht!« oder »Mädchen tun das nicht!«, wenn diese wild herumtoben? Mädchen gestehen wir es eher zu, ihre Gefühle zu zeigen und auszudrücken, als den Jungen. Oder ist das heute nicht mehr der Fall? Im Kindergarten und in der Schule können diese Verhaltensweisen verfestigt werden: Jungen sind laut und ihr Verhalten wird schneller »körperlich«, sie messen ihre Kräfte. Mädchen reden oft mehr, auch ihr Spielverhalten basiert häufig auf gemeinsamen Gesprächen: »Du bist jetzt die Lehrerin, und dann sagst du …«

Daher überrascht es nicht, dass Mädchen tendenziell über bessere sprachliche Fertigkeiten verfügen und ihre Angelegenheiten verbal regeln. Sie gelten überwiegend als sozialkompetent und kooperativ. Sie sind kreativ und einfühlsam, wenn es um die Probleme von einzelnen Kindern geht. Jungen sprechen meist nicht so gern über ihre Gefühle, und sie tragen Meinungsverschiedenheiten gern sportlich, sprich: körperlich aus. Sie wollen ihre Kräfte messen, sie raufen gern und sind auch oft laut. Sie lieben geregelte Spiele. Oder ist es genau umgekehrt?

Dies nur als kleine Momentaufnahme »idealtypischen« Verhaltens – Sie können sicher sein, dass Sie immer wieder Kinder treffen werden, die weder in die eine noch in die andere Schablone passen. Deshalb lautet die Empfehlung an alle Großeltern, sehr genau auf jedes einzelne Enkelkind zu achten und seine individuellen Stärken zu fördern, selbst, nein, gerade dann, wenn sie nach herkömmlicher Anschauung eher untypisch für sein Geschlecht sind.

Einen Ausgleich bieten

Neben den schulischen Leistungsanforderungen haben die Kinder gleichzeitig die soziale Interaktion in einer Klasse mit meist mehr als zwanzig Gleichaltrigen zu bewältigen. Sie müssen mehr noch als im Kindergarten lernen, eigene Ideen und Meinungen angemessen zu vertreten, Regeln zu achten und einzuhalten und mit Enttäuschungen fertigzuwerden. Enkel im Grundschulalter benötigen daher einen Ausgleich zur Schule. Sie brauchen Zeit für sich, in der sie ruhen (lesen, malen, Musik hören) oder sich bewegen (frei rennen und toben) können. Einige Kinder genießen es auch nachmittags noch, viel Gesellschaft und Trubel um sich herum zu haben, andere ziehen sich lieber zurück und sind allein. Wenn Sie als Großeltern die Betreuung Ihrer Enkel unter der Woche übernehmen, dann loten Sie aus, was Ihre Enkel brauchen. Achten Sie auf die Bedürfnisse der Kinder!

O-Ton: *»Ab und zu hole ich meine siebenjährige Enkelin von der Schule ab. Sie liebt es dann, allein in ihrem Zimmer Hörspiele anzuhören. Dabei malt sie ein Bild nach dem anderen«, berichtet eine Oma.*

Viele Großeltern übernehmen für die Enkelkinder den »Bring-und-hol-Dienst« zu den verschiedenen Freizeitaktivitäten, so zum Sportverein, zur Nachhilfe, zum Schwimmen, zur Musik- oder Ballettschule und dergleichen mehr. Immer wieder erfahren Sie dabei, dass die Kinder einen richtig ausgefüllten Terminkalender haben. Unternehmungen wie größere Ausflüge, Wanderungen oder Museumsbesuche sind oft nur am Wochenende oder in den Ferien der Schulkinder möglich. Sicher sind diese ausgefüllten Tage ein Grund dafür, dass die Ruhephasen mit den Großeltern so kostbar sind!

Hausaufgaben mit dem Enkelkind erledigen? Dies übernehmen Sie als Großeltern am besten nur nach Absprache mit den Eltern, denn diese müssen damit einverstanden sein. Viele Eltern erfahren die Betreuung der Hausaufgaben durch Oma und Opa als Entlastung, weil ihnen selbst meist die Zeit dazu fehlt. Das Enkelkind sollte natürlich ebenfalls damit einverstanden sein.

Idealerweise werden Hausaufgaben ohne Druck und Zwang erledigt, was oft gelingt, doch nicht immer. Ein wunderbares Beispiel dafür, wie eine Großmutter es schaffen kann, zum Lernen zu motivieren, findet sich in dem Kinderbuch Heidi von Johanna Spyri. Die Großmutter in Frankfurt war für Heidi eine sehr stärkende und verständnisvolle Frau. Heidi konnte nicht lesen und glaubte auch, dass sie es nie lernen würden. Wer dieses Buch jedoch kennt, der weiß, dass Heidi in allerkürzester Zeit lesen konnte. Besonders motivierend war es für sie natürlich, eine Geschichte zu lesen, die von Hirten und Ziegen handelt, von den geliebten Bergen, die dem Kind aus der Schweiz vertraut waren und nach denen es sich so sehnte.

Immer wieder erzählen mir Großeltern sehr anschaulich von Erlebnissen rund um das Thema »Motivation« beim Lernen und bei Hausaufgaben mit ihren Enkelkindern.

O-Ton: *»Mir macht es besondere Freude, weil ich selbst mittrainiere und sehe, wie mein Enkel lernt«, sagt eine Großmutter. »Neulich musste er das kleine Einmaleins lernen. Er hatte an diesem Tag die Dreier-, Vierer- und Fünfer-Reihe auf. Gemeinsam sagten wir die Reihen auf, einmal das Kind, dann ich. Da baute ich dann schon mal extra einen Fehler ein, den mein schlauer Enkel sofort stolz bemerkte.«*

Ein Opa berichtet: »Einmal in der Woche mache ich mit meinem Enkel, der in die zweite Klasse geht, die Hausaufgaben. Für einen Test am nächsten Tag sollte er bestimmte Deutschlernwörter aus einem Text üben, aber er hatte keine Lust dazu. Mir kam die Idee, dass wir doch einfach Schule spielen könnten. Ich selbst war der Schüler und mein Enkel der Lehrer. Nach mehrmaligem Schreiben und Fehlerverbessern konnte der Spiel-Lehrer, mein Enkel, die Wörter fehlerfrei schreiben! Und es hat uns beiden Spaß gemacht.«

Manchmal gelingt es Großeltern, etwa beim gemeinsamen Kochen mit den Enkelkindern ganz nebenbei ein Unterrichtsthema, das gerade für eine Probe oder eine Klassenarbeit gelernt werden soll, zu besprechen. So wird dann zum Beispiel alles Wissenswerte über Igel besprochen oder das Einmaleins geübt.

Es kann aber auch sein, dass das gemeinsame Lernen an einem Tag wunderbar klappt und an einem anderen Tag nicht. Das Enkelkind hat so gar keine Lust, seine Hausaufgaben mit der Oma oder dem Opa zu machen. Natürlich versucht man, die Kinder zu motivieren. Man kann ihnen eine Pause anbieten und dann gemeinsam einen neuen Versuch starten. Es hat sich allerdings bewährt, dass die Großeltern das Lernen der Enkel grundsätzlich ohne Zwang und Druck begleiten. Im Zweifelsfall verzichtet man darauf, informiert die Eltern darüber und überlässt ihnen die weitere Betreuung der Hausaufgaben.

Enkel im Jugendalter

Für einige Jugendliche sind die Großeltern wertvolle Ansprechpartner, wenn es darum geht, gute Lösungen für anstehende Entscheidungen zu finden. Manchmal ziehen sich die Jugendlichen aber auch zurück und die Treffen mit den Großeltern werden seltener und verändern sich. Bei gemeinsamen Unternehmungen sollten die Interessen der Enkel im Mittelpunkt stehen, und alle Unternehmungen werden miteinander besprochen und geplant.

O-Ton: *Ein Großvater erzählt: »Ganz regelmäßig gehe ich mit meinen Enkeln, die 13 und 14 Jahre alt sind, ins Deutsche Museum. Wir nehmen uns immer eine Abteilung vor und sehen uns diese in aller Ruhe an. Elektrizität fasziniert den einen und das Bergwerk den anderen.«*

Beim Besprechen der geplanten Aktivitäten erfahren die Großeltern, was die Enkel gerne machen und was sie wirklich interessiert. Wenn Sie das berücksichtigen, gelingen die Unternehmungen meistens auch sehr gut und die Jugendlichen sind begeistert dabei. Manchmal können Großeltern auch bestimmte Aktivitäten vorschlagen und ihren Enkelkindern neue Erfahrungen ermöglichen. Mitunter kommt es aber auch vor, dass die Enkel die Ideen der Großeltern ablehnen, weil sie langweilig sind oder nicht auf Interesse stoßen.

O-Ton: *So erzählt eine Oma, dass sie mit dem Enkelkind Karten spielen wollte, was bisher immer gut ankam. Doch an diesem Tag saß der Teenager mit dem Handy auf dem Sofa und hatte keine Lust. Nach einiger Zeit und mehreren Abmachungen, wann das Handy zur Seite gelegt werden sollte, verließ das Mädchen das Wohnzimmer und lief, nicht ohne die Türen zuzuknallen, beleidigt ins eigene Zimmer. An dem Tag hat nichts mehr geklappt.*

Eine ganz andere Geschichte berichtet eine andere Großmutter: »Ich hatte zu einem Fest eingeladen, und es war mir sehr wichtig, dass meine Tochter und meine 11-jährige Enkelin dabei sind. Da bekam ich eine Nachricht, dass das Mädchen keinen Bock habe zu kommen. Es seien ja auch nur alte Leute da. Ich war ganz schön beleidigt. Doch nach kurzer Zeit kamen eine Entschuldigung und die Nachricht, sie würde doch mitkommen – die Mama bestand darauf. Das Fest war ein voller Erfolg! Als meine Tochter dann relativ spät am Abend mit meiner Enkeltochter nach Hause fuhr, umarmte mich das Kind und meinte, so ein cooles Fest und so ein leckeres Buffet hätte sie noch nie erlebt. Es habe ihr richtig Spaß gemacht. Glück gehabt!«

»Mit meinem Enkel bin ich anlässlich seines 14. Geburtstags in ein vietnamesisches Restaurant gegangen«, berichtet eine Großmutter. »Das hatte er sich gewünscht. Dabei erzählte er mir haargenau alles von seinem neuen Rennrad, das er sich von seinem selbst ersparten Geld gekauft hatte. Er fand es ganz super und war sichtlich bewegt, dass ich mich so für die technischen Details des Rads interessierte.«

Enkel als junge Erwachsene

Diskussionen und der Austausch von Meinungen mit den Großeltern können in dieser Altersstufe für die Enkel interessant sein. Großeltern genießen diese Kontakte und erfahren viel über die Interessen des Enkels und seine Lebensumstände. Die Erfahrungen und die Sichtweisen der Großeltern sind für die Enkel wiederum eine Bereicherung.

O-Ton: *»Meine Großeltern waren einfach immer schon da, so lange ich mich erinnern kann«, erzählt eine erwachsene Enkelin. »Ich habe ihnen vertraut, ich habe sie gemocht, doch als Kind war ich ihnen emotional nicht so nah. Das kam erst später, als ich merkte, dass ich ihnen wichtig bin. Als Ansprechpartnerin. Das hat mich bewegt. Im Studium fingen sie an, für mich als ›le-*

bendes Zeitdokument‹ interessant zu werden. Ihre Geschichten haben mich sehr interessiert. Auch wenn nicht recht deutlich wurde, welche Haltung sie eigentlich hatten …«

»Meine Oma ist erst, als ich schon in der Oberstufe war, für mich so richtig interessant geworden. Ich habe erfahren, dass sie in Kriegszeiten jüdischen Familien geholfen und dafür auch von der Stadt eine Auszeichnung erhalten hat. Ich habe nichts davon gewusst und ich war so stolz auf sie«, berichtet eine 17-Jährige.

Bewegende Themen sind es oft, die die jungen Erwachsenen beschäftigen: Was möchte ich beruflich werden? Welche Ausbildung soll ich machen? Was will ich von der Welt sehen? Viele Großeltern berichten dann aus ihrer Vergangenheit und beantworten die Fragen der Enkel mit lebendigen Beispielen aus ihrem eigenen Leben. Manche Enkel vertrauen sich bei heiklen Themen auch eher Oma und Opa an als ihren eigenen Eltern.

O-Ton: *»Meine 20-jährige Enkelin hat sich mir anvertraut, weil sie ihr Studienfach wechseln wollte«, erzählt eine Großmutter. »Sie hatte Angst davor, es den Eltern zu erzählen. Sie glaubte, dass sie es ihr ausreden würden. Gemeinsam haben wir das Für und Wider besprochen und auch die Zielvorstellung, was sie gern stattdessen machen wollte. Danach hatte sie den Mut, es auch mit ihren Eltern zu bereden. Wir beide fühlten uns richtig verbunden, und sie konnte ihre Pläne verwirklichen.«*

Wenn Großeltern sich für die Sichtweisen der Enkelkinder interessieren, dann schaffen sie es bis ins Erwachsenenleben der Enkel hinein, den Kontakt zu ihnen zu bewahren. Es kann sogar sein, dass Enkel schließlich ihrerseits ihrer Oma oder ihrem Opa Hilfe anbieten und für sie Einkäufe und andere Erledigungen übernehmen, wenn diese es nicht mehr so gut können!

4 Zauberformel: Beziehung statt Erziehung

Großeltern sind in einer besonderen Situation, denn sie haben die Chance, die Beziehung zu ihren Enkeln relativ frei und kreativ zu gestalten. Viele Großeltern fragen immer wieder nach, ob sie die Enkel auch erziehen müssen? Meine ganz kurze und einfache Antwort auf diese Frage lautet: »Nein.« Großeltern müssen die Enkel nicht erziehen, denn das ist Aufgabe der Eltern. Sie können relativ entspannt die Beziehung zu ihren Enkeln pflegen und natürlich genießen. Durch diese Beziehung zu ihnen wirken sie natürlich im weiteren Sinne auch erzieherisch auf die Enkelkinder ein. Erziehung ist ein komplexer Prozess, der viele unterschiedliche Faktoren umfasst – unser bewusstes »Erziehen« ist nur einer davon. Unter Beziehung allgemein versteht man ein Sich-aufeinander-Beziehen von Menschen untereinander. Da sind wir als Oma und Opa natürlich mit dabei. Wenn es uns gelingt, die Kontakte zum Enkel und seinen Eltern liebevoll, wertschätzend und akzeptierend zu gestalten, dann erfüllen wir damit schon die wichtigsten Grundlagen für eine förderliche Beziehung, die immer auch erzieherisch wirkt.

Was Großeltern zur Beziehung in den Familien beitragen können

Die Positionen sind klar: Die Erziehungsverantwortung für das Kind liegt bei den Eltern. Sie als Großeltern stehen also in der zweiten Reihe und sind nicht in der direkten erzieherischen Verantwortung. Das »Ich muss erziehen« wird beim

Enkelkind eher zu einem »Ich kann« oder sogar zum »Ich darf«. Das befreit und macht den Weg zu einer unbeschwerten Beziehung frei! So können Sie im Umgang mit den Enkeln lockerer sein und manchmal einfach nur verwöhnen.

Dass Großeltern sich manchmal im Umgang mit ihren Enkeln ganz anders verhalten, als es die Eltern tun würden, wird hier ganz deutlich:

O-Ton: *»Mit meinem Opa durfte ich in den Ferien mit seinem nagelneuen Mercedes durchs Land fahren«, berichtet ein mittlerweile erwachsener Enkel. »Ich war ungefähr neun Jahre alt und er hat mit mir als seinem einzigen Enkelsohn richtig angegeben. Er hat mich auch mit in die Kneipen genommen. Für mich war das ein tolles Abenteuer, und ich war so richtig stolz. Meine Mutter und meine Oma fanden das Verhalten meines Opas nicht gut, sie haben sich deswegen sogar mit ihm gestritten. Aber mein Opa hat das trotzdem gemacht!«*

Für die Enkel sind ihre Großeltern und deren Zuhause meist eine Bereicherung und eine willkommene Abwechslung zu ihrem Alltag. Da ist die Wohnung, die Umgebung anders, da gibt es andere Abläufe oder Regeln, es ist alles anders als daheim bei den Eltern.

O-Ton: *Ein 41-Jähriger erinnert sich an die große Bibliothek seines Großvaters: »Ich durfte schon als kleiner Junge, der gerade lesen konnte, die Bücher anschauen und lesen. Manchmal las der Großvater mir vor. Je älter ich wurde, desto häufiger nutzte ich die große Bücherauswahl und schmökerte nach Belieben.«*

In den meisten Fällen genießen die Enkelkinder die Umgebung bei ihren Großeltern. Es kann allerdings vorkommen, dass gerade kleinere Kinder verunsichert sind und sich dort nicht so wohlfühlen. Je vertrauter die Beziehung zu den Großeltern wird, desto leichter gelingt es den Kindern auch, sich in einer fremden Umgebung wohlzufühlen. Das kann dann sogar so weit gehen, dass die Enkelkinder toben oder Unsinn machen. Soll man sie dann einfach toben lassen, um nicht zu erziehen? Ich denke, hier ist es wichtig zu differenzieren, wo ich mich als Oma oder Opa aufhalte, ob die Eltern anwesend sind oder nicht. Bin ich bei mir zu Hause und die Eltern sind dabei, dann bitte ich die Eltern, die Kinder zu stoppen. Erst in zweiter Linie können Großeltern sagen, was sie stört. Wenn die Großeltern alleine mit den Enkeln sind, dann ist es klar, dass sie eingreifen und die Enkel begrenzen. Hier tragen Oma und Opa als Erwachsene die Verantwortung für die Sicherheit der Kinder. Da viele Großeltern die Betreuung ihrer Enkelkinder übernehmen, übernehmen sie auch ganz selbstverständlich erzieherische Aufgaben.

Enkelkindern leben nah oder ganz fern

Damit eine lebendige, positive Beziehung zwischen den Enkeln und den Großeltern wachsen kann, braucht es den persönlichen Kontakt, ganz egal, ob die Großeltern weit entfernt von ihren Kindern und Kindeskindern leben oder sehr nah, vielleicht sogar im gleichen Haus wohnen.

Viele Großeltern, die in der gleichen Stadt oder in der Nähe der Enkelfamilie wohnen, übernehmen regelmäßig die Betreuung der Enkel. Damit haben sie die beste Gelegenheit, kontinuierlichen Kontakt zu den Enkelkindern zu haben.

Wohnen die Enkel ganz nah, dann sind die Wege kurz, falls man gebraucht wird. Wenn die Generationen im gleichen Haus leben, dann ergeben sich sehr viele Möglichkeiten, das Kind täglich zu sehen. So bekommen Oma und

Opa jede Kleinigkeit der Entwicklung mit. Das ist ein Geschenk! Die meisten Großeltern genießen dies, doch anderen ist es zu nah.

O-Ton: *»Als Großmutter habe ich das Gefühl, viel mehr Zeit und Ruhe zu haben, um mich auf das Enkelkind einzustimmen und meinem Kind zu helfen. Früher als berufstätige Mutter hatte ich wenig Zeit für mein Kind und musste mich sehr gut organisieren. Dem Enkel gebe ich's gerne!«*

Doch in Deutschland kommt es relativ selten vor, dass verschiedene Generationen einer Familie im gleichen Hause leben. Es ist eine besondere Ausgangssituation, eine Chance und manchmal auch ein richtige Herausforderung. Gelingt es, eine enge, friedliche und vertraute Beziehung zu den Enkelkindern und ihren Familien zu gestalten, oder sind die Beziehungen belastet und zu kontrollierend?

O-Ton: *Ein werdender Großvater, 72 Jahre alt, berichtet: »Als junges Paar zogen wir ins Haus meiner Schwiegereltern. Wir wollten ausprobieren, ob es gut geht. Drei Kinder sind in diesem Haus groß geworden, und die Enkelkinder lieben ihre Großmama und den Großpapa sehr. Wichtig war, dass sich die Großeltern nicht in unsere Familie und Erziehung eingemischt haben. Als Schwiegersohn habe ich mich akzeptiert gefühlt, und wir haben als Paar immer gut zusammengehalten. Das war für alle sehr wichtig.«*

Ein anderer Opa erzählt ziemlich aufgebracht, ihm sei es einfach zu viel: »Ständig sind die kleinen Enkel da, zwei Jahre alt das eine, neun Monate das andere, und es gibt keinen Tag mehr ohne. Meine Frau hat keine Zeit mehr, da sie immer nur die Enkelkinder versorgt. Ich fühle mich richtig vernachlässigt. Die Tochter nutzt die Nähe, die sich dadurch ergibt, dass wir im gleichen Haus wohnen, einfach zu sehr aus. Es gibt darüber immer wieder heftigen Streit!«

Hier wird deutlich, wie wichtig es bei so großer Nähe ist, auf Grenzen zu achten. Sich nicht einzumischen, sich zurückzuhalten kann dazu beitragen, dass die Beziehungen gut gelingen. Gegebenenfalls muss man akzeptieren, dass sich die Familie zurückziehen möchte, und alle Beteiligten sollten Grenzen setzen und »Nein« sagen können.

O-Ton: *»Vor ein paar Tagen kam ein Anruf von meiner Tochter, die im gleichen Haus wohnt. Sie sagte, das Kind würde die ganze Zeit schreien, sie sei ganz entnervt und habe noch nichts gegessen. Ich habe gerade einen Krimi angeschaut und gesagt, ich würde kommen, wenn der Film zu Ende sei. Dabei hatte ich auch den Hintergedanken, dass das doch ganz normale Situationen sind, das muss die junge Mama schon mal allein auf die Reihe kriegen. Sie kam dann auch klar. Das Kind schlief, als ich später nach ihnen schaute.«*

Mitunter wirkt es durchaus entspannend, wenn Grenzen gesetzt werden. Darüber hinaus gilt auch hier: Es ist immer empfehlenswert, rechtzeitig klärende Gespräche darüber zu führen, was geht und was nicht geht, was erwünscht ist und was nicht – und zwar für alle Beteiligten! Es geht darum, wie Grenzen zu setzen sind, welche Erwartungen und Belastungen zu berücksichtigen sind. So kann man verhindern, dass jemand enttäuscht ist oder sich beleidigt fühlt und der Kontakt zu den Enkeln abbricht.

O-Ton: *Eine Großmutter berichtet von ihrer völlig zerstrittenen Familie. Die Großeltern wohnen gleich im Nachbarhaus der jungen Familie, und seit Jahren haben sie keinen Kontakt* *mehr mit den Enkelkindern. Viele Missverständnisse und heftige Streitigkeiten führten am Ende zu einem Kontaktverbot zu den Enkelkindern.*

Ohne professionelle Hilfe kommen viele Familien in einer solchen Situation nicht mehr aus dem negativen Teufelskreis des Streitens heraus. Um das vermeiden, gilt es einige Grundregeln zu beachten.

ⓘ

TIPP

Wie man das Zusammenleben mehrerer Generationen in einem Haus erleichtern kann:

- Großeltern mischen sich nicht in die Familienangelegenheiten der Kinder ein.
- Die erwachsenen Kinder und Partner (Schwiegerkinder) akzeptieren!
- Die räumliche Nähe der Großeltern soll hilfreich bleiben.
- Wichtig: Grenzen achten, die eigenen und die der anderen!

Eine ganz andere Situation ist es, wenn die Enkel nicht am gleichen Ort leben. Wie kann eine Beziehung entstehen oder der Kontakt gehalten werden? Wie gelingt es über weite räumliche Distanzen hinweg in Verbindung zu bleiben? Mit diesem Problem sind alle Großeltern konfrontiert, deren Enkelkinder in einer anderen Stadt, in einem anderen Land oder gar auf einem anderen Kontinent leben.

Jede Beziehung zu Kindern, besonders zu den kleinen, lebt vom direkten und persönlichen Kontakt. Der Körperkontakt ist für Enkel im Baby- oder Kleinkindalter die natürlichste und selbstverständlichste Art, ihre Beziehung zu den Großeltern zu erleben. Wir wissen heute, dass daraus die sicheren Bindungen entstehen, die Kinder brauchen, um sich gut zu entwickeln. Die allerbeste Art, in Kontakt zu bleiben, ist und bleibt also die persönliche Anwesenheit. Viele Großeltern machen sich deshalb immer wieder auf die Reise, um ihre Kinder und Enkel zu sehen. Großeltern, die weiter entfernt leben, haben seltener Kontakt zu ihren Enkelkindern. Doch die Begegnungen können sehr intensiv sein und mitunter, wenn möglich, einige Wochen dauern. In diesem Fall können die Oma und der Opa den Alltag und die Lebenssituation hautnah mit dem Enkelkind erleben.

O-Ton: *»Als meine erste Enkeltochter in Spanien zur Welt kam, reiste ich kurz nach der Geburt dorthin und blieb für zwei Wochen bei der Familie«, erzählt eine Großmutter. »Meine Tochter war über meine Hilfe sehr froh, ging es ihr nach dem Kaiserschnitt doch nicht so gut. Mit meiner Enkelin habe ich in dieser Zeit eine ganz intensive Nähe erlebt. Ich habe das Baby versorgt und den Kontakt mit dem Kind sehr genossen. Als meine Enkeltochter zwei Monate war, kamen die jungen Eltern und besuchten uns in München. Die Familie blieb einige Wochen, und die Beziehung zum Kind ist weiter gewachsen. Wir Großeltern fanden diese Zeit sehr beglückend.«*

Einige Großeltern erzählen, dass die große Entfernung durchaus hilfreich ist, um nicht ständig in der Verantwortung für die regelmäßige Betreuung der Enkel zu stehen. Viele haben für ihre Ruhestandszeit bereits Pläne und wollen ihre Freiräume – nach der eigenen Arbeits- und Familienphase – genießen.

O-Ton: *»Meine Enkel, drei und sieben Jahre alt, leben in Hamburg«, berichtet eine Großmutter. »Das ist weit weg von München und daher haben wir eben nur selten Kontakt, dann aber schön und intensiv. Ich versuche auch die positive Seite der Entfernung zu sehen, nicht ständig zum Kinderhüten da sein zu müssen, wie ich das von anderen Großeltern höre. Das wäre mir zu viel. Da genieße ich doch meine Freiheit.«*

Ob Sie als Großeltern ganz nah oder ganz fern leben, es hat alles seine Vor- und Nachteile!

Gute Kontakte sind für die Beziehung zum Enkel wichtig, sind sie doch die Basis für die Bindung, die neben den Eltern eben auch zu den Großeltern aufgebaut werden kann. Die Beispiele zeigen, dass Kontakte wachsen können, selbst wenn die Familien weit voneinander entfernt leben.

O-Ton: *»Zweimal im Jahr fliegen wir nach Australien, um unsere Tochter und ihre Familie zu besuchen. Sie leben in Sydney, und ich leide schon sehr darunter, dass sie so weit weg sind. Wir bleiben dann einige Wochen und genießen den intensiven Kontakt mit den Enkeln. Besonders schön ist es, wenn unsere Kinder es sich einrichten können und auch uns einmal im Jahr besuchen.« Beim Erzählen treten der Oma Tränen in die Augen, denn sie bedauert es sehr, dass ihre Enkelkinder so weit weg leben.*

Solche Besuche sind aber aus den unterschiedlichsten Gründen nicht immer möglich; dann bieten die modernen Medien viele Möglichkeiten, um den Kontakt aufrecht zu erhalten. Mit ihrer Hilfe können wir auch über weite Entfernungen mit den Enkeln und ihren Familien kommunizieren, etwa mittels Bildtelefonie (zum Beispiel Skype oder FaceTime). Am Bildschirm können Sie Ihre Enkel sehen, während Sie mit ihnen sprechen und dadurch am Leben der Enkelfamilie teilnehmen – umgekehrt natürlich ebenso!

O-Ton: *»Einmal wöchentlich skype ich mit meiner kleinen Enkelin, die vier Jahre alt ist und in Finnland wohnt«, berichtet eine Großmutter, die in Bordeaux lebt. »Es geht mit den Sprachen etwas durcheinander. Ich spreche mit dem kleinen Mädchen meist Englisch, das ist die Familiensprache, während die Mama Finnisch spricht und der Papa Französisch. Ich genieße diese Kontakte sehr. Meine kleine Enkelin zeigt mir ein selbstgemaltes Bild und berichtet, was sie am Tag alles erlebt oder was sie gerade gegessen hat.«*

Sind die Enkel älter und besitzen ein eigenes Handy, dann kann man sie direkt anrufen oder über SMS oder Messenger-Dienste Neuigkeiten austauschen.

Natürlich kann man jederzeit Briefe oder Karten verschicken, auch über diese »altmodische« Post freuen sich die Enkelkinder sehr. Besonders dann, wenn Sie weit von Ihren Enkeln entfernt wohnen, ist es sehr wichtig, dass Sie als Großeltern den Kontakt pflegen, am besten natürlich den persönlichen Kontakt auch über große Entfernungen hinweg – der Aufwand dafür lohnt sich allemal.

Die Beziehung zu den erwachsenen Kindern und den Schwiegerkindern

Eine neue Dimension von Beziehung entwickelt sich für Großeltern auch zu ihren eigenen Kindern. Sie sehen sie – nach der Geburt des Enkelkindes – aus einem anderen Blickwinkel. Sie erleben die Tochter nun in ihrer Rolle als liebevolle und fürsorgliche Mutter oder den Sohn als umsichtigen

Vater. Ähnliches beobachten Sie auch bei den Schwiegerkindern, die Sie bisher »nur« als Partnerin oder Partner Ihres Kindes wahrgenommen haben. Jetzt entdecken Sie durch ihre Elternrolle ganz neue Seiten an ihnen. Auch Ihre erwachsenen Kinder erfahren, dass ihre Eltern eine neue Rolle bekommen haben, nämlich die der Großeltern.

In diesen neuen Rollenbeziehungen erleben wir manchmal Aktionen der Eltern, die uns als Großeltern nicht gefallen. Dann müssen wir uns die Frage stellen, ob wir uns zurückhalten oder das Thema ansprechen sollen – und wenn ja, wie und wann?

i

TIPP

- Einen passenden Zeitpunkt wählen und vereinbaren.
- Nehmen Sie sich dazu Zeit, das kann auch am nächsten Tag sein!
- Möglichst nicht zwischen Tür und Angel!
- Freundlich sprechen, wertschätzend und ohne Vorwürfe: »Mir ist aufgefallen ….«, »Wie ist es dir dabei gegangen?«, »Brauchst du noch was von mir?«, »Was können wir beide tun, wenn es das nächste Mal passiert?«

Es ist normal, dass Beziehungen zu den Enkeln und auch zu deren Eltern nicht immer reibungslos funktionieren. So schnell kann es passieren, dass Sie sich trotz guter Vorsätze ungeschickt verhalten und ins »Fettnäpfchen« treten. Damit aus solchen Konflikten keine handfesten Streitereien entstehen, ist es gut, wenn Sie sich diplomatisch verhalten.

Zurückhaltung wirkt meist beruhigend und kommt besser an, als wenn Sie sich vordrängen oder gar alles besser wissen. Ein – von Ihnen gut gemeinter Rat – kann als Kritik aufgenommen werden und zu richtigen Verstimmungen führen. Es braucht viel Fingerspitzengefühl im Umgang mit der Elternfamilie und den Enkeln. Die meisten Großeltern handeln aus ihrem Erfahrungsschatz heraus intuitiv richtig und kommen gut zurecht. Oft ist es so, dass Sie als Oma und Opa den Kindern und Kindeskindern tatsächlich gute Tipps und Ratschläge geben können. Die jungen Eltern sollten jedoch auf jeden Fall selbst entscheiden können, ob sie den Rat annehmen oder ihn ablehnen.

TIPP

Ihre Ratschläge sollten ein offenes Angebot sein, respektvoll und wertschätzend. Die Eltern sollten die Chance haben, selbst zu entscheiden, wie sie mit dem Rat umgehen: Anhören – annehmen – ausprobieren – ablehnen?

Durch Ihre Zuwendung und Anerkennung geben Sie Ihren Enkelkindern eine sichere Beziehungsbasis. Die Grundvoraussetzung dazu schaffen Sie, wenn Sie einen guten Kontakt zu den Eltern Ihrer Enkel, also dem erwachsenen Kind und der Partnerin oder dem Partner (Schwiegerkinder), pflegen. Daraus können positive Beziehungen entstehen, was dazu beiträgt, dass sich die Familienmitglieder miteinander wohl und akzeptiert fühlen.

Viele Erzählungen aus den Generationenfamilien ranken sich um das Verhältnis der Schwiegereltern und Schwiegerkinder. Vielfach sind Streitigkeiten vorprogrammiert, wenn das andersartige oder fremd anmutende Verhalten der Schwiegerkinder kritisiert und entwertet wird. Verschärft werden diese Konflikte, wenn die jungen Eltern nicht gut zusammenhalten.

O-Ton: *Eine Mutter klagt über das gespannte Verhältnis zu ihrer Schwiegermutter: »Ich kann nicht richtig kochen, sagt sie, nicht so Ordnung halten wie sie und ich sei keine gute Mutter für meinen zweijährigen Sohn. Das verunsichert mich total und ich fühle mich schlecht und nicht anerkannt. Zum Glück unterstützt mich meine Mutter!«*

Selbst wenn Sie mit dem Verhalten Ihres (Schwieger-)Kindes einmal nicht einverstanden sind, sollten Sie stets bedenken, wie das Verhältnis zu den Schwiegerkindern und Enkeln leidet, wenn die Enkelkinder entwertende Aussagen über ihre Eltern hören.

O-Ton: *»Mein fünfjähriger Enkelsohn fing bitterlich an zu weinen, als der Opa mal wieder über seinen Schwiegersohn, also seinen Papa, schimpfte, dass er nichts auf die Reihe kriege und ein richtiger Versager sei! Als der Kleine schluchzte: ›Es ist doch mein Papa!‹, war ich ganz betroffen.«*

Um zu verstehen, was für gelingende Familienbeziehungen notwendig ist, richten wir den Blick auf das Thema Werte: In der jungen Elternfamilie treffen Wertvorstellungen aus zwei Familien aufeinander. Als Großeltern sehen und erleben Sie, dass es hier in der Regel Unterschiede, manchmal auch Gemeinsamkeiten gibt. Ihre Kinder übernehmen für ihre sich gerade entwickelnde eigene Familie vielleicht einiges, was sie in ihrer eigenen Kindheit kennengelernt haben, doch bestimmt gibt es auch Bereiche, in denen die jungen Eltern sich bewusst und mit Nachdruck anders verhalten. Die jungen Eltern entwickeln also aus ihren Erfahrungen und den übernommenen Werten ihrer Familie die Gestaltung ihrer neuen Familie. Ihr Schwiegerkind bringt noch andere Werte und Einstellungen mit in diese Familie. Als Großeltern werden Sie versuchen, diese Wertvorstellungen zu respektieren. Tun Sie das nicht, ist die Gefahr sehr groß, dass es zu Ärger und Streit kommt, wenn Sie Ihre Gewohnheiten und Ihr Wertesystem einfach auf die neue Familie übertragen wollen. Oft weigert sich dann die Schwiegertochter oder der Schwiegersohn, mitunter wollen auch die eigenen Kinder die überlieferten Normen und Werte nicht übernehmen.

O-Ton: *Eine Großmutter mit drei Enkelkindern – darunter ein Neugeborenes – berichtet von einem Besuch bei den Kindern: »Der Mülleimer war randvoll mit den gebrauchten Windeln, und ich wusste, dass der Schwiegersohn gleich aus dem Haus gehen würde. Da sagte ich einfach zu ihm: ›Nimm doch bitte den Mülleimer mit.‹ Mein Schwiegersohn verließ schweigend das Haus, ohne den Mülleimer mitzunehmen. Meine Tochter war sehr ärgerlich und bat mich, ich solle mich doch bitte raushalten. Es war für mich als Mutter und Schwiegermutter erst ganz unverständlich, da ich eine solche Unterstützung für selbstverständlich hielt. Doch die Regeln in dem Haus der Kinder waren anders.«*

Das Beispiel steht stellvertretend für viele vergleichbare Begebenheiten in anderen Familien. In dieser Situation – so berichtet die Großmutter weiter – war es hilfreich, den Ärger erst einmal vergehen zu lassen, um dann am nächsten Tag in aller Ruhe darüber zu sprechen. Es gab in dieser Familie klare Absprachen, wer welche Aufgaben übernimmt. Der Mülleimer gehörte nicht zu den Obliegenheiten des Mannes. Als Großmutter hatte sie, ohne es zu wissen, diese Absprache missachtet. Wenn Großeltern bei den Kindern zu Gast sind, dann sind sie Gast, und es gelten die Regeln dieses Hauses. Sicher haben wir unsere Meinung dazu, und trotzdem müssen wir versuchen zu verstehen, wieso sich die Tochter und der Schwiegersohn anders verhalten.

Oft wird die Beziehung zwischen Tochter und Mutter als nah und wohlwollend, die zwischen Schwiegermutter und Schwiegerkind hingegen als distanziert oder sogar schwierig beschrieben. Alle diese Beziehungen benötigen sehr viel Einfühlungsvermögen und einen vorsichtigen Umgang miteinander. Einige Großeltern stehen vor dem Problem, dass sie mit bestimmten Verhaltensweisen der Schwiegertochter, des Schwiegersohns oder auch des eigenen Kindes nicht einverstanden sind. Sie stellen sich dann Fragen wie diese: »Wie spreche ich es an? Soll ich es ignorieren? Wie kann ich hier besonnen handeln?« Machen Sie sich in solchen Situationen bewusst, dass die Erziehungswerte und Regeln der Enkelfamilie grundsätzlich auch für Sie als Großeltern gelten, und eine der wichtigsten Regeln für ein gelingendes, generationsübergreifendes Miteinander lautet: Nicht ungefragt in das Leben der Kinder und Enkelkinder einmischen. Falls Sie in einigen Bereichen anderer Meinung sind, sollten Sie sehr aufmerksam darauf achten, dass Sie die Positionen der jungen Familie während Ihres Aufenthalts dort respektieren. Ein klärendes Gespräch kann zusätzlich hilfreich sein.

ⓘ

TIPP

Wie Gespräche über unterschiedliche Werte gelingen können:

- Heftige Gefühle (Wut/Ärger) entschärfen – tief durchatmen!
- Räumliche und zeitliche Distanz (Abstand schaffen).
- Erst dann klärendes Gespräch führen.
- Einander gut zuhören, um die Sichtweise des anderen zu verstehen.
- Fragen stellen: »Wie können wir damit umgehen?«, »Wie möchtest du, dass wir das regeln?« oder »Was braucht es aus deiner Sicht?«.

Wenn Sie eine bestimmte Situation ansprechen wollen, in der Sie sich unbehaglich fühlten, könnten Sie das etwa so formulieren: »Ich habe den Eindruck, … « oder »Mir ist aufgefallen, dass …«. Diese sogenannten Ich-Botschaften sind wichtig, wenn ich ein Problem mit dem Verhalten von anderen habe. Ich kann damit ausdrücken, was mich am Verhalten des anderen störte oder welche Gefühle es auslöste. Die Ich-Botschaft gibt dem anderen also eine Möglichkeit, die Wirkung des eigenen Verhaltens zu verstehen. Im Gegensatz dazu läuft man mit einer Du-Botschaft oft Gefahr, in einer anklagenden Position zu verharren (»Du hast …«, »Du bist …«). Deshalb ist es wichtig, dass Sie abwertende Kommentare ebenso wie Bewertungen generell vermeiden.

In vielen Familien gibt es generationenübergreifende Geschichten, die eine schwierige oder belastende Beziehung zu den Schwiegerkindern beschreiben. Gut ist es, sich aus solchen tradierten destruktiven Mustern zu befreien und den Schwiegerkindern grundsätzlich positiv und wohlwollend gegenüberzustehen, wenn nicht handfeste Gründe dagegensprechen. Sie als Oma und Opa sollten daran denken, dass es für Ihr Enkelkind die Mama (Ihre Schwiegertochter) oder der Papa (Ihr Schwiegersohn) ist.

O-Ton: *Eine Großmutter erzählt: »Nach dem Tod meines Mannes bin ich zu meinem Sohn gezogen. Wir leben im gleichen Haus, jeder in seiner eigenen Wohnung, und wir alle hatten am Anfang Bedenken, ob es gut gehen würde. Ich habe selbst als junge Frau sehr unter meiner Schwiegermutter gelitten und mir ganz fest vorgenommen, für meine Schwiegertochter hilfreich zu sein und für sie einzutreten. Bisher ist es wunderbar gelungen, und ich habe sowohl zu meinem Sohn wie auch zu meiner Schwiegertochter ein sehr gutes Verhältnis. Die beiden Enkelkinder liebe ich sehr. Wir genießen die Nähe: Ich erlebe das Heranwachsen der Kinder und bekomme so viel Liebe von ihnen.«*

Wenn ein Kind geboren wird, steht die junge Familie vor der Aufgabe, ihr eigenes Familienmodell zu finden. Oft stehen alle vier Großeltern – sowohl die von mütterlicher als auch jene von väterlicher Seite – der Familie nahe. Viermal eine Möglichkeit, um zu unterstützen und zu helfen – oder auch viermal die Möglichkeit, um zu stören, sich einzumischen oder Probleme in die junge Familie zu bringen. Deshalb ist es wichtig, dass sich die Großelternpaare miteinander verständigen, Aufgaben teilen und sich gut absprechen. Ob die Großeltern nahe wohnen oder weiter weg, bei großen Festen oder anderen Begebenheiten muss nach individuellen Lösungen gesucht werden, die für die junge Familie und das Enkelkind passen. Bei allen Phasen der Entwicklung in der

Elternfamilie bedeutet dies, dass sich beide Großelternfamilien Aufgaben teilen und mit ihnen wachsen.

Wenn alle Großeltern der Enkelfamilie gemeinsam ihre Unterstützung anbieten (soweit das eben möglich ist, denn nicht immer wohnen etwa alle Beteiligten nah beieinander), dann trägt das zu guten Familienbeziehungen bei.

O-Ton: *Eine junge Mutter berichtet: »Wir haben mithilfe der Großeltern eine gute Lösung bei unseren Betreuungsproblemen gefunden. Dienstagnachmittags holen meine Eltern die Kinder aus dem Kindergarten ab. Am Freitag übernehmen diese Aufgabe dann meine Schwiegereltern.«*

Ein weiterer wichtiger Baustein für ein gutes Miteinander ist auch der offene Umgang mit positiven Emotionen – hier sind Sie ein wichtiges Modell für die Enkelkinder: Zeigen und sagen Sie Ihren Kindern und Schwiegerkindern, dass Sie sie schätzen? Wann haben Sie das letzte Mal Ihr erwachsenes Kind gelobt? Ihm gesagt, wie sehr Sie es lieben? Wann haben Sie Ihre Schwiegertochter oder Ihren Schwiegersohn anerkennend und liebevoll behandelt? Kinder sind sensible Beobachter! Sie registrieren sehr genau, wie die Erwachsenen sich zueinander verhalten. Ist das Klima freundlich und von gegenseitiger Anerkennung geprägt, dann ist es für Enkel beruhigend, es gibt ihnen Sicherheit und Zufriedenheit.

Wenn Sie als Großeltern noch mehr tun wollen, um Ihre Enkelkinder zu unterstützen, um ihr Wohl und Glück zu fördern, dann ist es sehr wirkungsvoll, die Eltern der Enkelkinder zu stärken. Geben Sie ihnen den Raum und die Freiheit, den sie benötigen, um selbstständig eine solide und gute Familiengemeinschaft gestalten zu können. Akzeptieren Sie, dass sie sicher einiges ganz anders machen, als Sie das tun würden. Und dabei immer achtsam sein mit Kritik!

Ein Motto, das wir in den Großelternkursen zu diesem Thema formuliert haben, lautet: »Der Weg zum Herzen der Enkel führt über die Herzen der Kinder und Schwiegerkinder.« Für die Kinder sind ihre Eltern die ersten und wichtigsten Personen in ihrer kindlichen Welt. Kinder sind ihren Eltern gegenüber unbedingt loyal und absolut treu verpflichtet. Sie wünschen sich, dass ihre Eltern stolz auf sie sind und sie selbst stolz auf ihre Eltern sein können. Natürlich darf Zuwendung und Anerkennung nicht fehlen. Beides wünschen sich auch die Eltern von den Großeltern und umgekehrt! Dies fördert ein gutes Selbstwertgefühl und macht alle stark.

Von Wurzeln und Flügeln in der Beziehung

»Solange die Kinder klein sind, gib ihnen Wurzeln, wenn sie älter geworden sind, gib ihnen Flügel« – viele von Ihnen kennen diesen Spruch und wissen, was damit gemeint ist: Während kleinere Kinder viel Nähe, Liebe und Wurzeln benötigen, um Vertrauen in die Welt, in sich selbst sowie eine sichere Bindung aufzubauen, brauchen ältere Kinder zwar noch unsere Begleitung, doch benötigen sie viel mehr Freiheiten und ein Loslassen, eben Flügel.
Wie sich die Qualität der Beziehung von Großeltern und ihren Enkeln entwickelt, hängt auch von äußeren Gegebenheiten, Einflüssen und Möglichkeiten ab. Wurzeln geben wir unseren Kindern, indem wir ihnen die Hand zu einer vertrauensvollen Beziehung reichen. Beziehung und Bindung geschieht für die kleinen Enkelkinder durch den persönlichen Kontakt, durch eine Haltung, die ihnen zugewandt, konstruktiv und wohlwollend in vielen Alltagssituationen vermittelt wird. Wenn Sie als Großeltern die Stärken und Ressourcen Ihrer Enkel

erkennen und diese fördern, stärken Sie das Selbstwertgefühl der Kinder. Das gibt Kraft und starke Wurzeln. Mit Empathie und Wertschätzung geben Sie nicht nur den Enkeln Wurzeln, Sie stärken damit auch Ihre erwachsenen Kinder und die Schwiegerkinder, die ganze Familie.

Flügel benötigen die Kinder im Jugendalter – sie brauchen nun die Möglichkeit der Partizipation und Beteiligung, das Aushandeln in Konfliktsituationen. Großeltern fördern die Verantwortungsübernahme dem Alter gemäß, indem sie die Enkelkinder ernst nehmen und sie als gleichwürdig betrachten. Auch Humor und Leichtigkeit im Umgang mit Konflikten kann hier hilfreich sein – oft fällt das den Großeltern leichter als den Eltern! So kann sich das Familienklima entspannen und Krisen in der Familie können gemeinsam bewältigt werden.

Beziehungen in multikulturellen Familien

Neben den Beziehungen der unterschiedlichen Familienmitglieder und Generationen untereinander gibt es noch eine andere Ebene von Beziehungen, die für Familien von Bedeutung sind, nämlich die Beziehungen zur Herkunft, zur Tradition der einzelnen Individuen. Das ist gerade für multikulturelle Familien ein wichtiger Aspekt, denn die unterschiedlichen Wertvorstellungen, die hier mitunter aufeinander treffen – sei es beispielsweise im Hinblick auf kulturelle oder religiöse Fragen – fordern alle Familienmitglieder heraus. Die Erfahrungen, die die Familien machen, werden ganz unterschiedlich bewertet: Das reicht von dem Gefühl großer Bereicherung bis zu möglichen Missverständnissen und Streitigkeiten. Verständnis, Offenheit, ein hohes Maß an Kommunikations- und Kompromissbereitschaft sowie guter Wille helfen allen Familienmitgliedern, um gemeinsam fair miteinander umzugehen. Gelingt dies, so wird Ihnen ein besonderer Einblick in eine andere Kultur geschenkt, der authentischer und intimer nicht sein könnte.

Es beginnt bei der Sprache – die Enkel lernen eine fremde Sprache, spielerisch, einfach nebenbei, und für uns Großeltern ist die Verständigung dann oft eine echte Herausforderung. Der Kontakt mit dem Schwiegersohn oder der Schwiegertochter ist oft entsprechend schwierig und vielleicht auch insgesamt distanzierter.

O-Ton: *Eine Großmutter berichtet, dass ihr mit ihrer finnischen Schwiegertochter anfangs kaum eine Verständigung möglich war. Sie sprechen Englisch miteinander, doch es bleibt bei einer großen Distanz. Auch die Lebensumstände sind sehr unterschiedlich. Verbindung schafft das Enkelkind, das sich gut mit der Oma versteht.*

Neben möglichen sprachlichen Schwierigkeiten können auch kulturelle Unterschiede die Verständigung erschweren. Verschiedene Nationalitäten haben unterschiedliche Wege der Lebensgestaltung, andere Essgewohnheiten und festliche Traditionen. Selbst im gleichen Land können regionale Gepflogenheiten sehr unterschiedlich sein.

O-Ton: *Ein Großvater erzählt: »Ich spreche als ›Nonno‹ mit meinem dreijährigen Enkel Italienisch und er versteht schon sehr viel. Darauf bin ich richtig stolz. Der Papa stammt aus Indien und spricht mit ihm Englisch, während die Mama und Oma Deutsch sprechen. Da sind allein schon die drei verschiedenen Sprachen eine echte Herausforderung.«*

Mit einer italienischen Schwiegertochter machte eine Großmutter die Erfahrung, dass viele Standpunkte in dieser Familie sehr vehement vertreten werden. Die ganze Stimmung in der Familie ist laut und temperamentvoll. Die Mama kämpft wie eine Löwin für ihre Kinder, insgesamt haben die Kinder eine ganz besondere Stellung. Sie bekommen von klein auf ganz viel Bewunderung und Lob. Viel mehr als das in den deutschen Familien der Fall ist, meint die Großmutter.

Aus Amsterdam berichtet eine andere Großmutter, deren Tochter samt Familie – holländischer Schwiegersohn, drei Enkelkinder – dort lebt, folgendes: In dieser Familie wird über alles lange und ausführlich geredet. Jeder Konflikt wird umfassend besprochen, dann wird nach Regelungen gesucht.

Um die Herausforderungen, die mit den kulturellen Unterschieden einhergehen können, zu bewältigen, ist eine Haltung, die geprägt ist von Toleranz und Wertschätzung, eine gute Basis. Für die Enkel ist diese Vielgestaltigkeit ihr ganz normaler Alltag, der neben Herausforderungen eben auch viele Vorteile birgt. Sie erleben in ihrer Familie eine grundsätzliche Aufgeschlossenheit anderen Kulturen gegenüber als alltägliche Selbstverständlichkeit – was für ein Geschenk! Auch Sie als Großeltern werden Erfahrungen sammeln und Bereicherungen erfahren, die manche Schwierigkeit mehr als ausgleichen können.

Heute ist die kulturelle Vielfalt zur Normalität geworden. Die Enkelkinder wachsen damit auf und wir prägen sie, indem wir ihnen Werte und Haltungen vorleben, wie wir mit Menschen aus anderen Ländern und Kulturen umgehen.

Trennung oder Scheidung der Eltern

Besondere Notlagen können für die Enkel entstehen, wenn ihre Eltern sich trennen. Wie Sie sich als Großeltern in so einer Ausnahmesituation verhalten und wie Sie unterstützen können, bedarf einiger Überlegungen. Jede Familiensituation ist ganz individuell zu betrachten, doch gibt es einige Standardfragen: Wie verhalten wir uns? Wie unterstützen wir unser Kind und besonders die Enkelkinder? Wie verhalten wir uns gegenüber dem Schwiegersohn beziehungsweise der Schwiegertochter?

Die Enkel (je nach Altersstufe) fühlen sich bei der Trennung ihrer Eltern ohnmächtig, oft sind Kinder auch der Meinung, sie seien mitschuldig an der Situation. Einige Kinder reagieren mit einer tiefen Traurigkeit, und andere zeigen Gefühle wie Wut oder besondere Verhaltensweisen. Großeltern können Verständnis zeigen und die Enkel trösten, sie auffangen und ihnen Vertrauen und Sicherheit geben.

O-Ton: *Meine 14-jährige Enkelin war schockiert, als sie erfuhr, dass sich ihre Eltern trennen. Sie wollte ihren Papa nicht mehr sehen, denn die Mama hatte erzählt, dass er eine andere Frau liebt«, erzählt eine Großmutter. Sie lädt die Enkelin ein hört dem Kind zu, versucht es zu beruhigen und zu verstehen. Sie versucht ihrerseits den Kontakt zum Vater zu halten. Sehr schwer fiel es der Großmutter, dem Kind zu erklären, dass es doch ihr Papa bleibe und sie die ambivalenten Gefühle des Kindes so gut verstehen konnte.*

»Meine siebenjährige Enkelin sammelte auf einmal alle möglichen Sachen von der Straße auf«, erzählt eine andere Großmutter. »Sie behandelt die Steine, die Stöcke, die Gegenstände wie belebte Wesen, denen sie unbedingt ein Zuhause geben muss. Gemeinsam haben wir bei den Fahrradständern

im Garten so einen Platz gefunden. Erst haben wir das gar nicht so richtig verstanden, doch allmählich ist klar geworden, dass es ihre Art ist, auf die Trennung der Eltern, auf diese große Verunsicherung, zu reagieren. So versucht sie damit umzugehen, dass sie nicht mehr weiß, wo sie zu Hause ist.«

Sie können die Enkel allein schon dadurch unterstützen, dass Sie wertschätzend im Kontakt mit Ihrem Kind und auch dem Schwiegerkind bleiben. Auch wenn das Paar sich trennt, bleiben sie doch die Eltern des Enkelkinds. Besonders mit dem Schwiegerkind den Kontakt zu pflegen ist oft nicht einfach und konfliktfrei. Verständlicherweise ist jedem Großelternpaar das eigene Kind näher als die Schwiegertochter oder der Schwiegersohn. Das führt oft zu einer gewissen Parteilichkeit für das eigene Kind, mit dem eine ablehnende Haltung gegenüber dem Partner einhergehen kann. Zu diesem Konfliktfeld kommen die eigenen Gefühle, denn Großeltern sind immer auch betroffen, wenn sich ihre Kinder trennen. Empfehlenswert ist es, sich nicht einzumischen und sich so weit es geht zurückzuhalten, immer mit dem Ziel verbunden, das Enkelkind zu unterstützen und zu entlasten.

Bei Trennungen ist bei allen Betroffenen mit Gefühlen wie Trauer und Wut zu rechnen. Häufig werden getrennt lebende oder geschiedene Eltern, die nicht mit den Kindern zusammenleben, von ihnen vermisst – oder aber die Kinder wollen keinen Kontakt zu einem Elternteil. Die Kinder kommen in Loyalitätskonflikte und sind ratlos, »zu wem sie halten sollen«, denn sie lieben doch beide, die Mama und den Papa. Großeltern, die den Konflikt schüren und auf einen Elternteil schimpfen oder ihn abwerten, erschweren die Situation dadurch nur zusätzlich.

Sorgen Sie deshalb für Ausgleich und Beruhigung, dass Sie Ihren Enkeln »gut zuhören« – etwa wenn diese bei Ihnen ihre sorgenvollen Gedanken und ihre Gefühle aussprechen dürfen, ohne befürchten zu müssen, wieder »etwas falsch gemacht« zu haben oder gar »schuld« an einem neuen Streit zu sein.

O-Ton: *Der siebenjährige Enkel hat seit Monaten keinen Kontakt zu seinem leiblichen Vater. Er wünscht sich nichts sehnlicher, als ihn zu sehen. Vergeblich versucht er, ihn telefonisch zu erreichen, er schreibt einen Brief an ihn, doch er bekommt keine Antwort. Darüber ist der Junge sehr unglücklich. Er ist wütend auf seine Mama und gibt ihr die Schuld, denn auch auf ihre Kontaktversuche hat der Vater nicht reagiert. Schließlich erzählt er dem Opa von seinem Kummer. Der Opa tröstet seinen Enkel, und sie sprechen über seine Mutter, seine Trauer und seine Wut. Das verständnisvolle Gespräch mit dem Großvater hilft dem Enkel sehr, mit seinen heftigen Gefühlen zurechtzukommen und den Konflikt mit der Mutter zu besänftigen. Darüber hinaus berichtet die Mutter des Jungen, dass es sie sehr entlastet hat.*

Großeltern können in diesen Situationen eine Extraportion Geborgenheit bieten und wirken wie ein sicherer Hafen für die Enkel. Sie helfen bei der Orientierung. Vertraute Gewohnheiten und verlässliche Werte und Regeln liefern genau die stabilisierenden Faktoren, die in diesen konfliktbeladenen Ausnahmesituationen nötig sind. Es wirkt für die Enkelkinder sehr entlastend, wenn Sie auf vertraute, bekannte und verlässliche Verhaltensweisen setzen: »Wir machen das heute wie immer!« oder auch »Soll ich dir dein Lieblingsessen kochen?«

Wenn durch die Trennung ein Teil der Familie weder Respekt noch Sympathie für die Schwiegertochter oder den Schwiegersohn zeigt, dann birgt dies immer ein großes Konfliktpotenzial. Wie schafft man hier einen Ausgleich und gute Lösungen für die Enkel? Keine Lösung jedenfalls ist Parteinahme und Schuldzuschreibungen bei der Trennung, denn darunter leiden in erster Linie die Kinder. Für Sie gilt es, neutral zu bleiben und sich nicht einzumischen. Auf keinen Fall sollte aber so etwas geschehen:

O-Ton: *»Du gehörst nicht mehr zur Familie! Das haben sie erzählt, Mama«, erzählt die Siebenjährige weinend von einem Gespräch, das sie bei den Eltern ihres Vaters gehört hat. »Stimmt das? Und warum denn nicht, du bist doch meine Mama?«*

Zweifellos entstehen durch solche Aussagen tiefe Verunsicherungen und Verletzungen; viel hilfreicher ist es, wenn Sie in diesen emotional schwierigen Zeiten für die Enkel da sind und Verständnis zeigen. Vielfach neigen Familienmitglieder dazu, ihre eigenen Kinder zu unterstützen und sich von den Schwiegerkindern zu distanzieren. Vermeiden Sie es, wann immer es geht, den Streit zu schüren, denn dann sind weitere Eskalationen unvermeidlich. Ihr Umgang sollte daher stets respektvoll und höflich bleiben.

TIPP: ***Die Resilienz stärken***

Richten Sie den Blick ganz besonders auf die Fähigkeiten und Gaben der Kinder – dadurch stärken Sie ihre Resilienz! Drei Dinge gilt es besonders zu berücksichtigen (jeweils aus der Sicht des Kindes):

- ***Ich habe*** – vertrauensvolle Beziehungen und Vorbilder (zum Beispiel zu meinen Großeltern, zu Freunden), Ermutigung und Versorgung
- ***Ich bin*** – o.k.! meist liebenswert und stolz auf mich, voller Hoffnung und Vertrauen
- ***Ich kann*** – gut Probleme lösen, sprechen und zuhören

Das Wechselmodell

Wenn Sie als Großeltern mit dem »Wechselmodell« für die Enkel konfrontiert sind, dann haben Sie eine Extraleistung zu meistern. Das Wechselmodell bedeutet für die Kinder, dass sie einige Zeit bei der Mutter und dann einige Zeit beim Vater leben. Sie müssen in zweierlei »Zuhause« zurechtkommen. Manche Eltern gestalten dies im wöchentlichen Turnus, manche wechseln unter der Woche.

O-Ton: *»Meine Enkelinnen haben den Wechseltag am Mittwoch«, berichtet eine Oma. »Da müssen dann alle Schulsachen beisammen sein, und wenn es regnet, die Gummistiefel. Ich finde das gar nicht so einfach. Eigentlich eine richtige Herausforderung, was meine Enkeltöchter da leisten.«*

Die Entscheidungen darüber, wie sich trennende Eltern die Kinderbetreuung einteilen, können Sie als Großeltern nur begleiten. Sie können helfen und unterstützen, doch mitentscheiden können Sie in der Regel nicht.

O-Ton: *Ein Großelternpaar erzählt, dass ihre beiden Enkelkinder jede Woche wechseln. Eine Woche sind sie bei der Mama und eine Woche beim Papa. Der Anfang war sehr schwer für die Kinder, doch jetzt, nach einem Jahr, hat es sich ganz gut eingependelt. »Je besser die Eltern sich absprechen, desto leichter ist es für die Kinder geworden«, ergänzt die Oma.*

Das Zuhause der Großeltern ist in dieser unruhigen Zeit ein ganz stabiles und vertrautes Umfeld für die Enkel. Wenn Sie darüber mit ihren kleinen Enkeln auf eine sehr lösungsorientierte und kindgerechte, spielerische Art sprechen möchten, dann ist das Malbuch Meine zwei Zuhause von Ben Furman[10] ein hilfreicher Tipp. Ben Furman, ein bekannter finnischer Psychiater, zeigt, dass dies sehr komplexe Thema humorvoll und kreativ betrachtet werden kann. Es regt an, dass Sie sich mit dem Enkelkind darüber unterhalten können, dass es zwei Zuhause gibt und sich neben vielen Nachteilen durchaus auch Vorteile ergeben können. Optimistisch und lösungsorientiert ist ein so schwieriges Thema leichter zu bewältigen. Für ältere Kinder und Jugendliche ist das Buch *Pippa. Mein (halbes) Leben ist ein Ponyhof* geeignet.[11]

---

10 Furmann, Ben/Weber, Mathias: ***Meine zwei Zuhause***, Heidelberg 2016

11 Tammes, Barbara: Pippa. ***Mein (halbes) Leben ist ein Ponyhof***, Münster 2017

Alleinerziehende Eltern

Alleinerziehende haben ganz spezifische Probleme zu bewältigen. Nicht nur, dass sie den Alltag mit Kind(ern) alleine schultern und organisieren müssen, sie sehen sich oft auch mit Vorurteilen konfrontiert. Der alleinerziehenden Familie fehlt das Zusammenspiel von zwei Erwachsenen, die vieles teilen, dabei auch Konflikte haben, diese Konflikte gemeinsam lösen und zeigen, wie Erwachsene zusammenleben. Wie gut, wenn es noch Sie als Großeltern gibt, die hier einen sicheren Ausgleich bieten. Alleinerziehende haben in der Regel weniger Zeit für ihre Kinder, und auch weniger Möglichkeiten, eigene Bedürfnisse zu erfüllen. Sie können als Großeltern in diesen Situationen Entlastung anbieten, etwa die Betreuung der Kinder, Einkaufen oder Kochen. Gerade für die Enkelkinder, die häufig schon viel Verantwortung übernehmen müssen, bieten Sie als fürsorgliche Großeltern eine weitere Möglichkeit für kindliches Wohlbefinden.
Gerade bei einer Trennungssituation kann es dazu kommen, dass Eltern eine Führungslücke lassen; dann springen manchmal die Kinder (oft das älteste) ein, und übernehmen teilweise verantwortungsvolle Aufgaben.

O-Ton: *Die Eltern haben sich gerade getrennt, und die beiden Enkel, neun und drei Jahre alt, leiden darunter. Beim Übernachten beim Papa ist noch alles fremd, und der Kleine hat in der Nacht Angst. Er traut sich nicht, zum Papa zu gehen, und geht in das Bett des Großen. Der tröstet ihn, und beide schlafen zusammen weiter.*

Diese Geschichte erzählen die Enkel vertrauensvoll den Großeltern. Gemeinsam überlegten sie dann, wie sie es den Vater um Hilfe bitten könnten. Es ist also durchaus möglich, dass Sie als Großeltern durch eine Trennung der Eltern mit ganz speziellen Situationen konfrontiert werden!

Kinder in Trennungssituationen sind oft existenziell belastet und protestieren häufig mit schwierigen Verhaltensweisen auf der sozialen Ebene. Sie machen ihre Hausaufgaben nicht, werden schnell wütend oder ziehen sich zurück und beteiligen sich nicht an den normalen Alltagsaufgaben. Sie haben hier als Großeltern eine ganz besondere Chance, konfliktmildernd zu wirken: Sie können die Enkelkinder unterstützen und entlasten. Für die Mutter oder den Vater ist es eine große Hilfe, wenn die Großeltern die Kinderbetreuung oder das Bringen und Abholen vom Kindergarten oder der Schule übernehmen können.

5 Schatzkiste für den Familienfrieden

Wie magisch und schön ist die Vorstellung, dass es in den Familien eine »Schatzkiste« gibt, die uns beim friedlichen Umgang miteinander unterstützt. Gefüllt ist sie mit ganz besonderen Schätzen, die uns in unseren Beziehungen von großem Nutzen sind. Wir finden dort kostbare Werte, hilfreiche Regeln und klar strukturierte Rituale. Dazu wertvolle Werkzeuge zum fairen Streiten, beispielsweise das aktive Zuhören, das freundliche Miteinander-Reden, die Fähigkeit, sich in den anderen einfühlen und sich entschuldigen zu können. Ergänzend verbergen sich in dieser Schatzkiste noch jede Menge Juwelen und Edelsteine wie die Liebe, das Vertrauen und die Verantwortung für den anderen und für die eigenen Handlungen.

Werte, Regeln, Rituale: Hilfreich für ein wohltuendes Miteinander

Großeltern geben ihre Werte erst ihren Kindern und dann ihren Enkeln weiter. Was Ihnen wichtig und wertvoll ist, dass zeigen Sie den Enkelkindern und leben es ihnen vor. So werden Geschichten erzählt, Lebensgewohnheiten erlebbar gemacht, Regeln erklärt, und zu bestimmten Anlässen werden Rituale gepflegt. Wertvorstellungen spielen in vielen gesellschaftlichen Bereichen eine große Rolle und stehen im engen Zusammenhang mit der Erziehung. Großeltern haben es zum Teil selbst erlebt oder sogar ausprobiert, dass sich die Erziehungsformen veränderten. Das Spektrum der vergangenen Jahrzehnte reicht vom überwiegend autoritären Stil der frühen und späteren Nachkriegsjahre, deren Nachhall bis in unsere Zeiten für Eltern noch deutlich spürbar war, über die antiautoritäre Erziehung bis hin zu einem mehr oder weniger partnerschaftlich werdenden Verhältnis von Eltern und ihren Kindern, wie es heute weit verbreitet ist. Sie erleben jetzt als Großeltern, dass für die jungen Familien oft ganz andere Werte und Tugenden wichtig sind, als dies in früheren Zeiten der Fall war.

Werte und Wertewandel sind also ist in unserer Gesellschaft ein sehr aktuelles Thema. Dabei muss man zwischen allgemeinen gesellschaftlichen Normen und den individuellen Werten der einzelnen Menschen unterscheiden. Verbunden sind Werte mit moralischen und ethischen Grundsätzen; sie gelten als erstrebenswerte Eigenschaften und Qualitäten. In der Regel werden Werte über die Sozialisation von Generation zu Generation weitergegeben. Genau das tun Sie in Ihrer Rolle als Großeltern! Daher ist es hilfreich und empfehlenswert, wenn Sie sich darüber Gedanken machen, welche Werte Ihnen wichtig sind und welche Sie Ihren Enkelkindern vermitteln möchte. Worauf legen Sie besonders viel Wert?

Mit den Regeln in der Familie wird das Zusammenleben in dieser Gemeinschaft auf einfache Art und Weise strukturiert. In erster Linie setzen die Eltern die Regeln, die Kinder werden einbezogen und gemeinsam wird erprobt und festgelegt, was zukünftig als Regel gelten soll. Diese »internen Absprachen« variieren von Familie zu Familie.

Darüber hinaus gestalten in vielen Familien auch Rituale einen genauen Ablauf und Rahmen für besondere Situationen oder Übergänge, wie zum Beispiel bei Festen oder zur Strukturierung des Tages. Rituale ermöglichen es aber auch, ein Gespräch zu strukturieren und sind damit eine gute Basis für die friedliche Konfliktlösung.

Werte und Sekundärtugenden

Werte haben in jeder Gesellschaft eine wichtige Bedeutung und Geltung. Sie geben den Menschen Halt und Orientierung. Das geht so weit, dass die kollektiven Werte, über die ein gesamtgesellschaftlicher Konsens besteht, die Grundlagen unseres Zusammenlebens regeln – sie bilden die Basis unserer Verfassungen und Gesetze. Als Großeltern wissen Sie um die grundlegenden traditionellen Werte wie Freiheit, Vertrauen, Loyalität, Gleichheit und Liebe, ebenso wie Solidarität und Verständnis, die uns helfen, friedlich zusammen zu Leben. Diese sind für unsere Enkel wichtig, denn sie lernen damit in der Familie soziale Verantwortung und Kompetenz, Weltorientierung und Lebensführung kennen und können diese Fähigkeiten übernehmen.

Neben diesen allgemein anerkannten Werten gibt es noch eine andere Gruppe von Werten, die man eher den sogenannten Sekundärtugenden zurechnen würde, wie Fleiß, Ordnungsliebe, Pünktlichkeit und so weiter. Genau diese zu erwerbenden Charaktereigenschaften sind jedoch besonders hilfreich für ein reibungsloses Funktionieren einer Gemeinschaft und dienen zur Bewältigung des Alltags. Diese Sekundärtugenden sind veränderbar, diskutabel und werden in der Regel von den Eltern festgelegt. Es gibt Eltern und Großeltern, die von Anfang an in diesen Fragen (etwa Erziehungshaltung, Religion, Politik) einig sind, aber auch viele, die über die meisten Werte und alltägliche Strategien verhandeln müssen.

Wieso fällt es uns oft so schwer, mit diesen unterschiedlichen Wertehaltungen in den Familien konstruktiv umzugehen? Eine Erklärung ist, dass Werte eng mit Gefühlen und unserem Selbstwert verbunden sind. Greift jemand mein- Werte an, dann betrifft das auch mein Selbstwertgefühl, und damit geht man oft in eine defensive Haltung. Es kommt zu Konflikten, und Streitereien sind dann oft vorprogrammiert.

Als Großeltern erfahren Sie, dass Werte, mit denen Sie aufgewachsen sind – beispielsweise Sparsamkeit, Pünktlichkeit, Sauberkeit oder gar Gehorsam – heute in den Hintergrund gerückt sind. Betont werden dagegen Wertvorstellungen wie Gleichwertigkeit, Selbstverwirklichung, Selbstbehauptung, Verantwortung und Selbstbewusstsein. So erleben wir, dass die Position der Kinder in den Familien gestärkt ist und sie in ein betont partnerschaftliches Verhältnis zu den Eltern aufgerückt sind. Sie nehmen aktiv teil und sprechen in vielen Belangen des täglichen Lebens mit, ihre Meinung ist wichtig und wird angemessen berücksichtigt, wenn sie realisierbar ist. Autoritäten werden von den Kindern nicht von vornherein anerkannt, sondern oft hinterfragt. Diese Ausrichtung der Werte auf das Individuum ist in vielen westlichen Kulturen zu beobachten. Schaut man hingegen auf asiatische Gesellschaften, fällt auf, dass dort oft die Betonung der Gemeinschaft (und nicht des Einzelnen) deutlich im Vordergrund steht. Es gilt als erstrebenswert, sich in der Gruppe ein- und anzupassen.

Natürlich sind die Eltern und die Großeltern Teil der Kultur und Gesellschaft, in der sie leben, und geben somit Grundwerte und Sekundärtugenden in den Familien weiter. Besteht zwischen den Generationen ein Konsens über die Werte, dann ist Einigkeit angesagt. Gibt es aber unterschiedliche Haltungen, müssen wir uns um eine Klärung bemühen. Vielleicht können wir nicht alles verändern, doch es ist wichtig, dass wir darauf achten, dass Konflikte nicht auf dem Rücken der Enkelkinder ausgetragen werden.

O-Ton: *»Ich wollte so gerne, dass mein Enkelkind getauft wird. Für mich ist mein katholischer Glaube sehr wichtig und ich fin-*

de, für das Kind wäre das auch wichtig«, erzählt eine Großmutter. Sie berichtet weiter: »Wir diskutierten zum Teil heftig. Meine Tochter war nicht sicher und mein Schwiegersohn absolut dagegen. Die Entscheidung ist, dass mein Enkel bis heute nicht getauft ist, was ich sehr bedaure.«

In vielen Familien gibt es lange Diskussionen über die religiösen Einstellungen, wie hier die Taufe. Bei allen kontroversen Ansichten ist am Ende die Entscheidung der Eltern zu akzeptieren, denn sie haben die Führungsrolle in der Familie inne, sie geben Werte vor und bestimmen damit den Familienalltag. Sie übernehmen als Erwachsene die Führung und die Verantwortung.

Regeln

Brauchen wir Regeln? Wofür sind sie gut? Viele Großeltern haben die Erfahrung gemacht, dass klare Absprachen und Regeln hilfreich sind, um alltägliche Situationen zu strukturieren, sei es beim gemeinsamen Mittagessen, beim Tagesablauf oder beim Medienkonsum. Regeln helfen Eltern bei ihrer Erziehungsaufgabe und bei der Vermittlung von Werten; die Kinder lernen, wie soziales Verhalten im gemeinsamen Miteinander gelingen kann. Kinder erfassen die elterlichen Werte und Regeln besser, wenn Vater und Mutter ähnliche Positionen vertreten und wenn die Eltern sich selbst an ihre Vorgaben halten. Das alles gilt auch für Sie als Großeltern! Normalerweise werden Sie die Regeln der jungen Familie unterstützen und solche, die Ihnen fremd sind, respektieren. Offene Gespräche mit den Eltern helfen, Positionen zu klären, wenn Sie als Großeltern andere Regeln möchten. So kann unter Umständen und je nach Situation eine Ausnahme von einer bestehenden Regel erwirkt werden. Für den Familienfrieden ist es förderlich, wenn Sie als Großeltern die Regeln der jungen Familie beachten und nicht umgehen oder missachten. Die Enkelkinder geraten sonst in einen Loyalitätskonflikt und das Familiengleichgewicht droht aus dem Lot zu geraten.

Ansichten und Einstellungen unterscheiden sich in den einzelnen Generationen oft voneinander. Das kann dazu führen, dass die Regeln in der Elternfamilie anders sind als bei den Großeltern. Es ist beispielsweise möglich, dass in einer Familie die Kinder die Schuhe vor der Tür ausziehen müssen und in Strümpfen laufen. Bei den Großeltern wird das im Eingangsflur gemacht und die Kinder müssen Hausschuhe anziehen, da im Haus der Fußboden kühl ist, oder man muss die Schuhe gar nicht ausziehen. Die Enkelkinder kommen mit solchen einfachen, klaren Regeln meist ganz gut zurecht: »So ist es eben bei den Großeltern!« Es ist einfach so, nicht besser oder schlechter, einfach anders!

Normalerweise helfen Regeln dabei, den Alltag leichter zu gestalten. Es ist gut, wenn die Regeln von Zeit zu Zeit daraufhin überprüft werden, ob sie wirklich hilfreich sind. Es ist nicht sinnvoll, starr und rigide auf die Einhaltung von Regeln zu pochen, obwohl diese nur einengen oder zu Stress in der Familien führen. Es gibt Situationen, bei denen Änderungen durchaus stimmig sind. Ich betone noch einmal: Die Großeltern sollten sich gut mit den Eltern abstimmen und offen über Änderungen und Ausnahmen von Regeln verhandeln.

Das folgende Beispiel zeigt, wie konstruktiv mit Regeln umgegangen werden kann:

O-Ton: *Eine Oma berichtet: »Mein Sohn und meine Schwiegertochter hatten mit den Töchtern, fünf und sieben Jahre alt, immer* *wieder Ärger beim Essen, wenn es um das Aufessen ging. Die Haltung meines Sohnes als Papa war: ›Der Teller wird leer gegessen, und du bleibst am Tisch sitzen, bis du aufgegessen hast!‹ So haben wir das auch in unserer Familie gehalten. Doch meine Schwiegertochter ist anderer Meinung. Sie sagt: ›Nein, so geht es nicht! Jedes Kind isst, soviel es kann, und darf selbst bestimmen, wie viel es isst.‹ Die Eltern hatten sich gestritten und nach einigem Hin und Her darauf geeinigt, dass ihre Kinder sich selbst das Essen nehmen dürfen und dies dann nach Möglichkeit auch aufessen sollen!«*

Hier wird deutlich, wie neue Regeln ausgehandelt werden können, die auch wir als Großeltern berücksichtigen müssen. Die Oma in unserem Beispiel erzählte, dass sie sehr skeptisch war und eigentlich sicher, dass das nicht klappen würde. Doch sie hat erfahren, dass es gut funktionierte. Eine neue Regel kann in einer »Probephase« getestet werden, um zu überprüfen, ob sie auch gut funktioniert. Erst dann ist es sinnvoll, sie als Regel festzulegen. Falls die Absprache nicht zum gewünschten Ergebnis führt, ist es besser, sich eine neue Strategie zu überlegen. Idealerweise informieren die Eltern die Großeltern, damit diese die neue Regel kennen und die Eltern bei deren Umsetzung stärken und unterstützen können.

TIPP

- Regeln werden – wann immer es geht – gemeinsam festgelegt.
- Regeln sind offen und flexibel.
- Regeln sind veränderbar und nicht starr.
- Regeln sind menschlich und verhelfen zu einem guten Miteinander.

Rituale

Rituale helfen uns, durch bekannte und wiederkehrende Abläufe den Alltag zu strukturieren. Sie vermitteln Sicherheit, geben Orientierung und schaffen Vertrauen. Die genauen Abläufe, die nach bekannten Regeln durchgeführt werden, sind klar, einfach und leicht umzusetzen. Rituale haben in vielen Familien eine feste Tradition, und viele Festtage laufen nach wohlvertrauten Mustern ab.

Den Kindern helfen die Rituale dabei, den Tag zu strukturieren, sei es das Morgenritual, um richtig wach zu werden, oder das berühmte Schlafritual, um zur Ruhe zu finden. Oft sind es die Enkelkinder, die auf den genauen und vertrauten Ablauf achten – wehe, ein Wort oder der Ablauf ist anders!

Wenn Sie als Großeltern Rituale mit den Enkeln pflegen, setzt das meist voraus, dass Sie auch die Möglichkeit des regelmäßigen Kontakts mit ihnen haben und Sie so gewisse Routinen mit ihnen leben können.

O-Ton: *Eine Großmutter bringt die sechsjährige Enkeltochter ganz regelmäßig einmal die Woche am Abend ins Bett. Dabei gibt es ein Abendritual mit einem eingespielten Ablauf: Wenn das Kind im Bett liegt und sich eingekuschelt hat, setzt sich die Oma dazu und sie reden miteinander. Jedes Mal gilt es dann, drei Fragen zu beantworten: »Was hat dich heute ganz besonders gefreut und dich zum Lachen gebracht?«, »Gibt es etwas, was dich heute traurig gemacht hat?« und »Hast du heute etwas Neues gelernt?«. Durch diese Gespräche erfährt die Großmutter viel über die Welt der Enkelin und was das Kind so bewegt. Beide genießen diesen Ablauf, es stärkt ihre Verbundenheit und schafft eine so wohltuende Nähe zwischen Oma und Enkeltochter.*

Rituale sind auch sehr hilfreich, um ein Gespräch zu strukturieren. Kinder, die schon in der Schule sind, wissen das und erzählen oft, dass sie im Gesprächskreis mit einem Redestein oder -stab arbeiten. Wer den Stein oder Stab hält, darf erzählen, und die anderen hören zu. In Familien ist das meist nicht nötig, es sei denn, mehrere Geschwisterkinder wollen gleichzeitig erzählen und alle reden durcheinander.

O-Ton: *Ein Großvater berichtet vom Gesprächschaos bei einem Ausflug mit seinen fünf Enkeln. Alle redeten wild durcheinander und er konnte kein Wort verstehen. Schließlich sagte er: »Halt, ich verstehe ja rein gar nichts. Es wäre gut, wenn einer nach dem anderen erzählt. Jeder kommt dran – und wir anderen hören einfach mal nur zu. Ist das in Ordnung? Wer fängt an?«*

Wie gut, wenn sich die Situation schnell beruhigt und eine erste Regelung herbeigeführt werden kann. Falls die Kinder sich nicht einigen können, wer als erster anfangen darf, greifen Sie als Oma oder Opa auf ganz einfache Abzählreime wie zum Beispiel »Eck, Speck, Dreck, und du bist weg« zurück. So lernen die Kinder, wie ein Gespräch strukturiert wird und wie eine Einigung erreicht werden kann.

Rituale strukturieren, wirken beruhigend und eignen sich darum hervorragend, um Konflikte zu lösen. Sind die heftigen Gefühle – wie Wut – erst mal abgekühlt, kann jeder erzählen, was aus seiner Sicht passiert ist. Die Streitenden beruhigen sich meist schnell, wenn jeder Beteiligte die Möglichkeit erhält, seine Version darzustellen. Werden dazu auch die Gefühle, die beim Streitgeschehen aufflammten, benannt und von der anderen Streitpartei gehört, dann trägt dies dazu bei, die Gegenseite zu verstehen. Sie als Großeltern müssen nicht nach einem »Schuldigen« fahnden oder wissen, wer den Streit angefangen hat. Das entlastet Sie und alle Beteiligten, ebenso wie alle anderen Personen, die einen Streit zwischen Kindern schlichten. Denn diese Herangehensweise befreit Sie aus der Rolle des unfreiwilligen Schiedsrichters, bei der sich häufig eine Partei ungerecht behandelt fühlt.

ⓘ

TIPP

Was Rituale alles bewirken

- Sie rhythmisieren zeitliche und soziale Abläufe.
- Sie regeln den Tages-, Wochen- und Monatslauf. Sie teilen das Jahr in übersichtliche Abschnitte (Sonnwendfeier, Weihnachten, Silvester, Erntedank).
- Sie überbrücken besondere Wendepunkte im Leben wie Tag und Nacht (Weckritual, Abendritual), Schuleintritt, Abitur, Hochzeit, Beerdigungen.
- Sie regeln den Umgang miteinander (Begrüßungsritual, Familienfeste).
- Rituale geben Halt, Sicherheit und Geborgenheit, fördern die Orientierung und Verständigung.

Gelingende Kommunikation

Als Kommunikation bezeichnen wir die Verständigung, den Austausch von Mitteilungen und Informationen zwischen Menschen. Ganz selbstverständlich, leicht und alltäglich kommunizieren wir im Umgang mit anderen Menschen. Interessant wird es, wenn es zu Missverständnissen und einem Nicht-Verstehen zwischen Sender und Empfänger der Botschaften kommt. Schauen wir genau auf Kommunikationsabläufe, wird deutlich, wie komplex diese Vorgänge tatsächlich sind. Neben der gesprochenen Sprache gehört auch das gesamte Sortiment der Körpersprache – also Mimik, Gestik und die Körperhaltung – dazu; die nonverbale Kommunikation. Denn auch ganz ohne Worte können wir etwas mitteilen, zum Beispiel, wenn wir die Schultern zucken, mit dem Zeigefinger an die Stirn tippen, die Augen rollen oder gar den »Stinkefinger« zeigen. Selbst wenn wir nicht sprechen, kommunizieren wir also, oder wie es der Kommunikationswissenschaftler Paul Watzlawick [12] formulierte: »Wir können nicht *nicht* kommunizieren.«

Damit Kommunikation gelingt, braucht es einen Sprecher (Sender) und einen Empfänger, den Hörer. Um Nachrichten zu verstehen, ist freundliches und verständliches Sprechen ebenso hilfreich wie aktives und genaues Zuhören.

Gern lese ich in den Eltern- oder Großelternkursen hierzu die Stelle aus dem Buch *Momo*[13] vor, in der beschrieben wird, wie gut die kleine Momo zuhören konnte: »Sie konnte so zuhören, dass ratlose oder unentschlossene Leute auf ein-

12 Watzlawick, Paul: ***Menschliche Kommunikation. Formen, Störungen, Paradoxien***, Bern 1974

13 Ende, Michael: ***Momo***, Stuttgart, 1973, S. 16

mal ganz genau wussten, was sie wollten. Oder dass Schüchterne sich plötzliche frei und mutig fühlten. … So konnte Momo zuhören.«

Großeltern vermitteln im Umgang mit ihren Enkeln ganz selbstverständlich, wie man miteinander spricht und auch zuhört. Die Enkel hören gut zu und imitieren. Sie können Ihre kleinen Enkel beim Spielen beobachten und hören plötzlich, dass sie mit dem gleichen Tonfall wie ihre Eltern oder wie Sie, ihre Großeltern, sprechen; oftmals nutzen die Kinder sogar die gleichen Worte oder Gesten. Normalerweise stimmen beim Sprechen Worte, Mimik und Gestik überein.

Eine besondere Situation entsteht, wenn die Körpersprache und das gesprochene Wort nicht kongruent sind. Dann kann es zu Missverständnisse kommen, und die Hörer sind verunsichert. Beispielsweise sagt das Enkelkind: »Alles okay«, doch seine Körperhaltung zeigt uns hängende Schultern und in den Augen stehen Tränen. Man merkt sofort, dass hier etwas nicht in Ordnung ist, und sollte behutsam nachfragen.

Gerade für Kinder ist es eine Herausforderung, ihr Gegenüber zu verstehen, wenn sprachliche Aussagen nicht mit den Gesten, der Haltung und der Mimik übereinstimmen. So kann es sein, dass wir in Eile sind und nicht richtig aufmerksam zuhören, und doch sagen wir zu unserem Enkelkind: »Erzähle nur weiter ich höre dir schon zu.« Das kann das Kind sehr verunsichern, denn es spürt genau, da stimmt was nicht. Besser ist es, wenn wir in dieser Situation ehrlich sagen würden: »Gerade kann ich dir nicht gut zuhören, da ich in Eile bin. Können wir später in Ruhe darüber sprechen, dann nehme ich mir Zeit für dich?« Achten Sie darauf, dass verbale und nonverbale Botschaften übereinstimmen.

TIPP

Gelungene Kommunikation liegt vor, wenn:

- die Sprache (verbale Kommunikation) klar, verständlich und freundlich ist,
- Mimik, Gestik, Körperhaltung (nonverbale Kommunikation) mit dem gesprochenen Wort übereinstimmen,
- gutes Zuhören (aktiv zuhören!) gelingt und das Gehörte wiederholt und verstanden wird (gegebenenfalls nachfragen) und
- genau auf den anderen geschaut wird (Blickkontakt).

Ich bin der festen Überzeugung, dass wir unseren Enkeln damit Grundlagen für eine gute gelungene Kommunikations- und Konfliktkompetenz für ihr Leben mitgeben. Heute werden diese Fähigkeiten den Kindern vermehrt bereits im Grundschulalter vermittelt. Im Mediationsteam arbeite ich zusammen mit einem Kollegen an zwei Grundschulen, und wir vermitteln den Kindern genau diese Streitkultur. Nachdem wir schon einige Jahre an den Schulen gearbeitet haben, spürt man deutlich, dass der Umgang unter den Schülern achtsamer und bewusster geworden ist.

Freundlich und verständlich sprechen

Dass wir möglichst freundlich, höflich und verständlich miteinander sprechen sollten, ist uns allen klar. Denn Worte können missverständlich sein, sie können uns glücklich machen, und sie können uns zur Verzweiflung bringen. »Worte sind Fenster oder Mauern« formulierte Marshall B. Rosenberg so treffend.[14] Wir leben unseren Enkeln unsere Gesprächsstrategien vor, und sie sehen bei uns, wie wir die Sprache im täglichen Umgang verwenden. Unsere Lebenserfahrung als Eltern und jetzt als Großeltern kann uns dabei helfen, für die Enkelkinder kompetente Gesprächspartner zu sein. Mit Zeit, Gelassenheit und Geduld gelingen meist gute Gespräche. Dazu gehört vor allem, dass wir aufmerksame Zuhörer für unsere Enkel sind.

Zur klaren und gewaltfreien Kommunikation gehört es auch, dass Sie von sich selbst sprechen (Ich-Botschaften), wenn Sie sich über etwas ärgern, und nicht den Enkeln – oder anderen Menschen – irgendwelche Absichten unterstellen.

Sie kennen beispielsweise sicher Situationen wie die folgende: Die Enkelkinder toben laut herum, und Sie müssen kurz in Ruhe telefonieren. Statt mit vorwurfsvollen Sätzen wie »Kann man hier noch nicht mal in Ruhe telefonieren?!« oder »Müsst ihr mich denn immer stören?« beschreibt man die Situation realistisch und für die Enkel nachvollziehbarer, wenn man in sogenannten »Ich-Botschaften« spricht und klar zum Ausdruck bringt, welches Verhalten man sich wünscht, etwa: »Ich telefoniere. Ich höre nichts mehr. Es ist so laut hier.« Oder auch: »Ich werde allmählich ärgerlich. Bitte seid leise.« Erstrebenswert ist es, die Situation einfach und möglichst neutral wiederzugeben. Beschreiben und begründen – ohne Vorwurf –, wieso ein bestimmtes Verhalten im Moment stört. Dazu die Gefühle und Bedürfnisse, die man im Augenblick hat, auch authentisch benennen.

---

14 Zitiert nach: Rust, Serena: ***Wenn die Giraffe mit dem Wolf tanzt. Vier Schritte zu einer einfühlsamen Kommunikation***, S. 10

Diese und andere Grundlagen und Erkenntnisse der gewaltfreien Kommunikation beschreibt Serena Rust in ihrem Buch *Wenn die Giraffe mit dem Wolf tanzt.*[15] Während der Wolf die Sprache bestimmend verwendet, alles bewertet und interpretiert, hört die Giraffe ganzheitlich zu. Sie spricht freundlich und bezieht Gefühle sowie Bedürfnisse in die Gespräche ein. Die meisten Menschen wechseln – je nach Situation – mal in die Wolf- und mal in die Giraffensprache.

TIPP

Merkmale einfühlsamer Kommunikation

- Beobachtungen schildern – ohne sie zu bewerten.
- Gefühle beschreiben – ohne zu interpretieren.
- Bedürfnisse erkennen und sie äußern – statt sofort Strategien zu entwickeln.
- Bitten offen formulieren – statt zu fordern.

Manchmal gelingt es – bei aller achtsamen Sprache – allerdings nicht so einfach, die Enkel zur Einsicht zu bewegen. Sie hören nicht sofort mit einem bestimmten unerwünschten oder gar destruktiven Verhalten auf. Doch einen Versuch ist es allemal wert! Diese Art der Kommunikation führt uns weg von Vorwürfen oder Beschuldigungen und verhindert unter Umständen, dass ein richtiger Streit entsteht. Besonders, wenn es darum geht, dass andere von einem Fehlverhalten massiv betroffen sind, ist ein entschiedenes Eintreten mit ganz klarer Botschaft erforderlich.

15 Rust, Serena: ***Wenn die Giraffe mit dem Wolf tanzt. Vier Schritte zu einer einfühlsamen Kommunikation***, Burgrain 2007

O-Ton: *So berichtet eine Oma, dass ihr neunjähriger Enkel ihre alte Katze ärgerte. Er zog sie am Schwanz und erschreckte sie. Er hörte einfach nicht damit auf, und das Tier war ganz hilflos. Im Gespräch mit anderen Großeltern sammelten sie Ideen, was man in diesem Fall alles machen könnte. Die Einfälle reichten von »die Katze schützen und in ein Zimmer sperren« bis dahin, den Enkel nicht mehr einzuladen. Erfolgreich war letzten Endes diese Strategie: Sie hatte sich vor den Enkel gestellt und, so laut sie konnte, »Stopp!« gerufen: »Ich möchte nicht, dass die Katze gequält wird. Hör damit sofort auf.« Der Enkelsohn schaute sie ganz erschrocken an und hörte tatsächlich auf, die Katze zu quälen.*

Aktiv zuhören

Es ist eine wunderbare Gabe, wenn man gut (oder auch »aktiv«) zuhören kann! Damit ist gemeint, dass wir einem anderen aufmerksam zuhören und versuchen, das Gehörte mit eigenen Worten zu wiederholen. Dadurch gelingt es, Bestätigung zu bekommen, ob alles richtig verstanden wurde, außerdem fühlt das Gegenüber sich angenommen. In einem Streit bekommt das aktive Zuhören noch einen ganz besonderen Stellenwert, denn bei der Streitregelung ist ein erstes Etappenziel schon erreicht, wenn wir es schaffen, einander aufmerksam zuzuhören. Das kann gelingen, wenn wir tief durchatmen und so Druck und Tempo aus dem Streitgeschehen nehmen können. Denn das große Ziel sind zwei Gewinner und keine Verlierer!

Bei der Kunst des einfühlsamen Zuhörens geht es immer auch um die grundsätzliche Akzeptanz des Gegenübers. Es geht um das Verständnis für das Geschehen und die Vorkommnisse, und nicht um unsere Interpretationen aufgrund von vorgefassten Meinungen. Das wichtige Kernstück ist das Wiederholen, denn das Gefühl »Ich werde gehört!« schafft Vertrauen.

TIPP

Geben Sie das Gehörte mit eigenen Worten wieder, und vergewissern Sie sich so, dass Sie Ihr Gegenüber richtig verstanden haben: »Habe ich dich richtig verstanden, dass du …?« oder »Hast du es … gemeint?«.

Das aktive Zuhören erleichtert bei Kontroversen das Finden einer Lösung, zumindest verhärten sich dadurch nicht die Fronten, sodass ein klärendes Gespräch und die gemeinsame Suche nach einem Ausweg möglich bleiben.

Im Rahmen des Projektes »Komm, wir finden eine Lösung!«[16] stelle ich den Kindern eine ganz besondere »OMA« vor. Hinter dieser Abkürzung verbirgt sich die Erinnerung an die Grundlagen für gutes Zuhören. Dazu brauchen wir das **Ohr** (zum guten Hören und Zuhören), den **Mund** (zum freundlichen und verständlichen Sprechen) und das Auge (zum genauen Schauen und Auf-den-anderen-Achten):

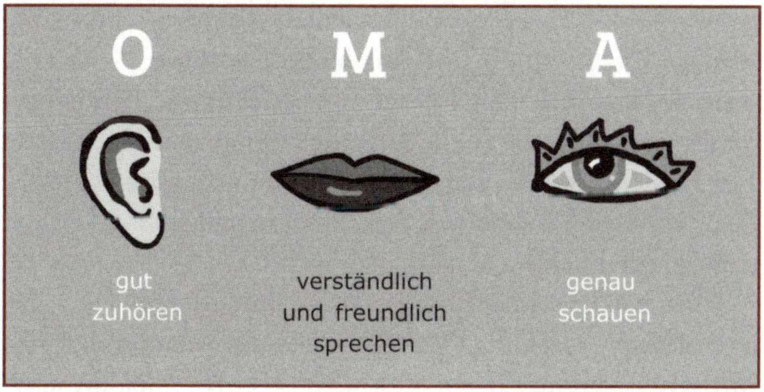

16 Zwenger-Balink, Brigitte: ***Komm, wir finden eine Lösung! Training zur Gewaltprävention in den Schulklassen 1 bis 6***, München 2014

O – das Ohr | **M** – der Mund | **A** – das Auge

Das ist ein wunderbar eingängiger Erinnerungsanker, den Sie auch für Ihre Enkelkinder verwenden können!

Genau schauen

Ein und dieselbe Situation kann von unterschiedlichen Menschen ganz unterschiedlich wahrgenommen und beurteilt werden. Ein eindrucksvolles Beispiel sind die bekannten Vexierbilder. Was sehen Sie auf dieser Abbildung?

Die Antwort darauf wird unterschiedlich ausfallen, denn die Zeichnung zeigt uns zwei verschiedene Tiere in einem Bild. Das Auge braucht einige Versuche, um genau wahrnehmen zu können, dass hier verschiedene Tiere zu sehen sind, nämlich ein Hase und eine Ente. Schauen wir nun auf das Thema Kommunikation und Streit, wird klar, dass es auch in einem Streit mindestens zwei verschiedene Sichtweisen des Streitgeschehens gibt – je nachdem, wie viele Personen an dem Streit beteiligt sind, können es auch erheblich mehr sein.

Jeder hat in seiner Familie schon einmal erlebt, dass bei irgendeiner Gelegenheit die Sichtweise des Vaters anders war als die der Mutter. Fragen Sie das Kind, bekommen Sie noch eine neue Geschichte – aus seiner Sicht – dazu. Auch Sie als Großeltern werden den Streit nochmals aus einem anderen Blickwinkel betrachten.

Damit ein Streit befriedet werden kann und sich keine weitere Eskalation entwickelt, ist es gut, wenn jeder der Streitenden die Chance erhält, seine Version des Geschehens zu erzählen. Die Beteiligten fühlen sich gehört und ernst genommen, die starken Emotionen können sich beruhigen. Es hilft hier meist nicht weiter, auf »der einen« Wahrheit zu beharren, die es so einfach nicht gibt.

Großeltern finden friedliche Lösungen für brisante Themen

In menschlichen Beziehungen geht es, wenn Konflikte entstehen, häufig um unterschiedliche Interessen und Bedürfnisse. Wie wir damit umgehen, das ist die große Frage, denn aus den Konflikten kann Streit entstehen. So gibt es Familien, die Konflikte »unter den Teppich kehren«, und andere, bei denen lautstark gestritten wird. Kinder lernen in ihren Familien ganz unterschiedliches Streitverhalten.

TIPP

- Mit Geduld einen fairen Interessenausgleich aushandeln.
- Meinungsverschiedenheiten im respektvollen Gespräch klären.
- Eigenarten und »Anderssein« der Kinder, Schwiegerkinder sowie der Enkel grundsätzlich akzeptieren.

Schauen wir uns einmal genauer an, bei welchen Anlässen es in Familien häufig zu Konflikten kommt! Das Ziel ist, Lösungen zu finden, die für Ihre Enkel und die gesamte Familie hilfreich sind.

Die Betreuung der Enkel

Viele junge Familien stehen vor dem Problem, dass beide Eltern arbeiten und das Kind oder die Kinder betreut werden müssen. Nicht immer bekommen die kleinsten Kinder gleich einen Platz in einer Krippe oder bei der Tagesmutter. Zudem gibt es Engpässe, wenn etwa durch Terminschwierigkeiten oder auch Krankheit der Kinder eine Zusatzbetreuung nötig ist. Selbst wenn die Kleinen in der Krippe oder im Kindergarten untergebracht sind, stellt sich oft die Frage, wer die Kinder hinbringen und abholen soll oder wer sie betreut, wenn die Einrichtungen überraschend geschlossen haben oder die Kinder krank sind. Die Organisation in den jungen Familien ist oft richtig kompliziert. Viele Eltern wünschen sich daher Unterstützung für sich und die Kinder. Alleinerziehende sind in einer besonderen Situation und benötigen meist mehr Hilfe für die Bewältigung des Alltags. Viele von Ihnen kennen solche Situationen, in denen Sie als Oma und Opa gebraucht werden.

O-Ton: *Am frühen Montagmorgen erhält die Großmutter einen Anruf von ihrer Tochter, die zwei Kinder im Alter von vier und acht Jahren hat: »Mama, kannst du helfen? Die Kleine hat hohes Fieber, und sie kann nicht in den Kindergarten gehen. Ich habe in der Firma einen sehr wichtigen Termin mit einer ganzen Arbeitsgruppe. Alle anderen sind schon aus dem Haus und unterwegs. Ich bin völlig verzweifelt. Hast du Zeit? Super, also in einer Stunde! Oh, bin ich froh!«*

Wie gut, wenn die Unterstützung durch die Großeltern möglich ist! Nicht immer klappt es jedoch so einfach, denn Sie als Großeltern haben auch selbst Termine und können nicht immer einspringen. In solchen Situationen geraten

Großeltern oft unter Druck, wenn die Kinder emotional reagieren: »Mama, du kannst mich doch jetzt nicht hängen lassen! Deine Termine sind doch nicht so wichtig. Die kannst du doch verschieben!« Da kann es schnell zu Ärger und Streit kommen.

Wie können alle Parteien eine Lösung finden? Möglicherweise können die Großeltern tatsächlich ihre Termine verschieben oder ausfallen lassen, doch was ist, wenn ein Termin der Großeltern wichtig und unaufschiebbar ist? Gibt es eine andere Lösung? Kann eventuell eine andere Betreuungsperson organisiert werden? Oder muss die Mutter selbst ihren Termin absagen, um ihr krankes Kind zu betreuen? Kann sie einen der Tage nutzen, die ihr dafür zustehen, ihr krankes Kind zu versorgen?

Ein völlig anderes Konfliktpotential entsteht, wenn Großeltern und Schwieger-Großeltern bei der Betreuung der Enkel in Konkurrenz treten. Beide wollen die Enkel betreuen und wetteifern darum, wer dies besser kann und wer das Kind oder die Kinder öfter betreut. Meist geraten die jungen Familien und auch die Enkelkinder dabei unter Druck. Hier sind klare Absprachen und das Abwechseln der Betreuungszeiten gute Voraussetzungen, um Auseinandersetzungen zu vermeiden.

Konflikte können auch entstehen, wenn das Enkelkind nicht zu den Großeltern will:

O-Ton: *»Ich gerate regelrecht in Schwierigkeiten, wenn ich meinem Kind erzähle, dass es heute von der Oma, meiner Schwiegermutter, abgeholt wird«, berichtet eine Mutter. »›Nein, ich will nicht!‹, schreit das Kind. ›Ich will, dass du kommst oder der Papa. Ich mag die Oma nicht.‹« Die Mutter sagt außerdem, dass sie auch kein gutes Gefühl bei der Betreuung durch die Schwiegermutter habe. Die Reaktion des Kindes bestätige ihr das.*

Wie gelingt es Eltern, in solchen Fällen so objektiv wie möglich auf die Betreuungsqualität durch die Großeltern zu achten? Gab es möglicherweise einen konkreten Vorfall, der dazu führte, dass das Kind nicht mehr zu Oma oder Opa will? Die Eltern sorgen sich, denn wenn sie ihr Kind in die Obhut der Großeltern geben, wollen sie sicher sein, dass es dem Kind dort auch gut geht. Auch hier gilt: Die muss im gemeinsamen Gespräch geklärt werden. Falls sich der Verdacht erhärtet, dass die Enkelkinder bei den Großeltern nicht sicher betreut werden können, dann muss die Betreuung auch unterbleiben. Dies gilt es respektvoll zu besprechen, und die jungen Familien sollten sich darüber Gedanken machen, welche Hilfe die Eltern möglicherweise selbst benötigen. Oft führen gesundheitliche Einschränkungen dazu, dass die Großeltern die Enkel nicht mehr betreuen können.

TIPP

- Klare Absprachen mit den Großeltern – was geht? Was nicht?
- Vereinbarungen treffen, wenn Großeltern nicht mehr die Verantwortung tragen können.

Überraschungsbesuche

Problemsituationen können entstehen, wenn Großeltern zu viel anbieten und die Enkelfamilie dadurch bedrängen. Überraschungsbesuche mögen wunderbar sein, doch sie können auch richtig danebengehen! Beispielsweise am Sonntagmorgen, wenn die jungen Eltern ausschlafen wollen, die

Kinder noch im Schlafanzug spielen und herum springen, das Frühstück noch nicht beendet ist oder noch gar nicht begonnen hat. Wenn es in diesem Moment klingelt und die Großeltern unangekündigt vor der Tür stehen, ist Stress fast vorprogrammiert. Auch hier hätte ein Anruf der Großeltern vorab die Situation sicher entspannt und geklärt.

O-Ton: *Eine Großmutter berichtet: »Als junge Mutter fand ich diese Überraschungsbesuche meiner Schwiegereltern furchtbar. Ich geriet unter Stress und fauchte die Kinder und auch meinen Mann an. Die Großeltern merkten, dass ich so angespannt war, und haben mir die Schuld am missglückten Besuch gegeben. Danach kam es dann vor, dass mein Mann und ich uns richtig stritten. Er fand die Besuche nicht so schlimm, und ich fühlte mich von ihm nicht verstanden. Das habe ich mir genau gemerkt, und ich bin heute mit den Absprachen für Besuche bei meinen Kindern und den Enkeln sehr vorsichtig. Ich sage immer vorher Bescheid, damit sie sich gut darauf einstellen können.«*

TIPP

- Besuche bitte vorher ankündigen und fragen, ob es in Ordnung ist vorbeizukommen. Dies hilft allen, sich darauf einzustellen
- In bestimmten Situationen ist es hilfreich, vorab auch über die Dauer des Besuches zu sprechen.

Geschenke

Bei Geschenken, einerlei, ob Geburtstags- oder Weihnachtsgeschenken oder auch »Belohnungen«, etwa für das Zeugnis, geht es um eine gute Ausgewogenheit. Was soll geschenkt werden, welche Wünsche können erfüllt werden und wer schenkt was? Absprachen helfen, damit Enkel nicht mit einer Flut von Geschenken überschütten werden oder bei mehreren Kindern die Geschenke ungerecht verteilt werden. Ich kenne Familien, bei denen zu den Geburtstagen und auch zu Weihnachten eine sogenannte »Drei-Geschenke-Regel« gibt. Die Tanten, Onkeln und die verschiedenen Großeltern sprechen sich ab und schenken dann gemeinsam etwas. Damit keine Ungerechtigkeiten auftreten, ist es gut, für Transparenz und klare Absprachen zu sorgen.

Für die Enkel im Baby-, Kindergarten- oder Schulkindalter ist es sinnvoll, sich mit den Eltern abzusprechen. Was ist gewünscht, was braucht das Kind? Viele Eltern wünschen sich Kleidung, da die Kinder in diesem Alter so schnell aus ihren Sachen herauswachsen. Es kann auch sein, dass besondere Spiele oder Spielzeuge gewünscht werden; auch hier ist es sinnvoll, nachzufragen, um Doppelungen zu vermeiden. Außerdem soll das Geschenk ja den Geschmack des Beschenkten treffen, nicht den des Schenkenden. Die Großeltern können die Geschenke entweder selbst besorgen, oder die Eltern übernehmen das, und Oma und Opa erstatten den Betrag.

Mit älteren Enkelkindern kann ganz offen über Wünsche und Geschenke gesprochen werden, um dann gemeinsam zu überlegen, ob der Wunsch erfüllbar ist und vielleicht sogar ein gemeinsamer Einkauf sinnvoll ist.

O-Ton: *»Wenn mein erwachsener Enkel zu Besuch kommt, dann gehen wir meist in die Stadt, und er kann sich etwas zum Anziehen aussuchen. Zum Abschluss unseres Einkaufsbummels gehen wir dann noch was essen«, erzählt eine Oma.*

Geschenke sind für die Enkel eine individuelle Zuwendung. Für die Erfüllung von besonderen Wünschen können unter Umständen Sie als Großeltern eintreten. Auch Aktivitäten oder gemeinsam besuchte Veranstaltungen können übrigens sehr schöne Geschenke für die Enkel sein – immer mit dem zusätzlichen Vorteil der gemeinsam verbrachten Zeit, die die Beziehung zwischen Großeltern und Enkelkind stärkt und vertieft.

Geschenke sind etwas Wunderschönes und Kinder lieben, es beschenkt zu werden. Doch alles mit Maß und Ziel! Achten Sie darauf, dass Sie mit den anderen Verwandten nicht in einen »Schenkwettbewerb« geraten: Wer hat die meisten, die größten und die teuersten Präsente für das Kind? Insbesondere außergewöhnliche Geschenke müssen mit den Eltern abgesprochen werden, etwa Haustiere.

Eine solche Entscheidung betrifft die ganze Familie, und Versorgung und Pflege eines Tieres muss vorab sichergestellt sein.

O-Ton: *So kam ein Großvater auf die Idee, seinem Enkelkind Goldfische zu schenken. Er brachte sie als Überraschung zum Geburtstagsfest mit, und erst dann wurde gemeinsam überlegt, welches Futter die Fische benötigen und was noch erforderlich ist. Die Kinder waren kurzfristig begeistert, doch dauerte es nicht lange, da waren die beiden Goldfische tot.*

TIPP

Tiere verschenken?
Gemeinsam entscheiden und besprechen, ob ein Tier in der Familie gehalten werden kann:

- Dürfen in der Wohnung Tiere gehalten werden?
- Gibt es Allergien, die gegen ein Tier sprechen?
- Wer übernimmt die Versorgung und Pflege?
- Welche Kosten entstehen, etwa für Futter und Tierarzt (Impfungen, Krankheiten)?

Essen, Tischmanieren und Süßigkeiten

Ganz unterschiedliche Einstellungen rund um das Thema Essen gibt es in vielen Familien. Kommt das Enkelkind zu Ihnen, sollten Sie vorab mit den Eltern klären, was das Kind bei Ihnen essen darf und sollte. Vegan, vegetarisch oder »ganz normal«? Gibt es Allergien oder Unverträglichkeiten? Wenn in der Familie bestimmte Ernährungsgewohnheiten gepflegt werden, sollten Sie dies respektieren und sich auch daran halten, während die Enkel bei Ihnen zu Besuch sind. Müssen Sie von einer Regel abweichen, ist es sehr sinnvoll, dies schon im Vorfeld zu besprechen!

O-Ton: *»Wir waren zum Geburtstagsessen der Großmutter eingeladen«, erzählt eine Mutter. »Es gab einen Braten mit feiner Soße, Kartoffelknödeln und grünen Bohnen. Unsere vierjährige Tochter fragte, von welchem Tier denn das Fleisch sei. ›Von einem Kalb‹, antwortete der Opa. Sie begann bitterlich zu weinen, und wollte nichts mehr essen. Da hatten wir Eltern gleich zwei Baustellen: Unsere weinende Tochter trösten und die beleidigten Großeltern beruhigen, die sehr wohl wussten, dass wir wenig oder kein Fleisch essen.«*

Ihnen ist sicherlich bekannt, was gesundes und ausgewogenes Essen bedeutet. Viel Obst und Gemüse gehört natürlich dazu! Viele Großeltern kochen ihren Enkeln bei Besuchen gerne ihr Lieblingsessen. Dies macht allen Beteiligten Freude, doch falls das Kind länger bei Oma und Opa ist, sollten Sie darauf achten, dass der Speiseplan nicht zu eintönig wird. Es gibt dann natürlich nicht jeden Tag Fischstäbchen, Nudeln mit Tomatensoße oder Pommes frites …

Auch die Tischsitten führen häufig zu Meinungsverschiedenheiten: Wann kann ein Kind mit dem Löffel essen? Oder mit Gabel und Messer? Eltern und Großeltern haben darüber oft unterschiedliche Vorstellungen. Vielleicht haben Sie als Großeltern bei Besuchen der Enkelkinder genügend Zeit und Geduld, um mit ihnen zu üben, wie man mit Messer und Gabel isst.

O-Ton: *Eine Großmutter erzählt von den Tischmanieren ihrer beiden Enkelsöhne, die drei und fünf Jahre alt sind: »Sie essen mit den Händen, schmeißen mit dem Essen rum, und unter* *dem Tisch liegt der halbe Tellerinhalt. Wenn sie bei mir sind, versuche ich, ihnen einen Löffel zu geben und sie zu motivieren, damit zu essen.«*

Kennen Sie aus Ihrer Kindheit Regeln wie »Der Teller wird leer gegessen!« oder »Du stehst nicht auf, bis alle fertig sind«? Erwarten Sie dieses Verhalten auch von Ihren Enkelkindern, kann das zu Problemen führen.

O-Ton: *»Bei der Omi muss ich alles aufessen, was auf dem Teller ist und bekomme keinen Nachtisch, wenn ich es nicht schaffe«, beklagt sich die siebenjährige Enkelin. Der Vater findet das völlig in Ordnung, doch die Mutter des Mädchens vertritt die Ansicht, dass man Kinder nicht zum Essen zwingen sollte. Darüber entsteht ein richtiger Streit zwischen den Eltern und auch noch mit der Schwiegermutter.*

Manchmal findet sich auf die Schnelle keine Lösung, gerade wenn die Parteien auf ihrem Standpunkt beharren. Eine gute Regelung könnte so aussehen: Nur eine kleine Portion auf den Teller geben, damit sichergestellt ist, dass das Enkelkind die Portion auch schafft.

Ein anderes Problem entsteht, wenn es bei Großeltern Regeln gibt wie etwa: »Beim Essen wird nicht gesprochen.« Viele von uns Großeltern kennen dies noch aus ihrer eigenen Kindheit. Gerade Kinder sollten damals bei Tisch nicht sprechen. Nicht selten war diese Regel für die Kinder eher eine Tortur:

O-Ton: *Eine 82-jährige Großmutter erinnert sich: »In meiner Familie durften die Kinder bei Tisch nicht sprechen. Mein Opa vertrat die Ansicht, Kinder sollten unscheinbar bleiben und nicht auffallen. Oft mussten deshalb die kleinen Geschwister extra essen, wenn sie störten!«*

Heutzutage pflegen viele Familien gerade beim Essen einen regen Austausch mit ihren Kindern. Aufgrund der schulischen und beruflichen Situation – Kinder besuchen Ganztagseinrichtungen, beide Eltern arbeiten – sind die Mahlzeiten oft die einzig gemeinsame Zeit im Alltag.

Rund um das Thema Essen gibt es immer mal wieder heikle Situationen. So kann es zu regelrechten Konkurrenzstreitigkeiten führen, wenn die Schwiegermutter der Schwiegertochter klar macht, wer wie gut oder schlecht kocht.

Die Kinder – Enkelkinder – stehen dabei, hören und sehen, wie sich die Erwachsenen ums Essen streiten und werden in den Streit verwickelt, wenn, sie beispielsweise gefragt werden: »Dir schmeckt doch das Essen von der Oma auch so gut?« Überlegen Sie in solchen Momenten genau, worum es eigentlich geht!

O-Ton: *Eine Großmutter aus einem Großeltern-Kurs berichtet: »Was für meinen Sohn gut ist, weiß ich als seine Mutter am besten. Er liebt es so sehr, wie ich koche. Meine Schwiegertochter kann das nicht, und ich bringe den jungen Leuten immer mal wieder etwas Selbstgekochtes. Ich verstehe dann gar nicht, warum sich meine Schwiegertochter so aufregt und verärgert reagiert.«*

Eine Situation, die nicht selten vorkommt und häufig zu Streitigkeiten führt! Was ist da passiert, und wie könnte man es besser machen? Immer wieder geht es um – mangelnde – Absprachen. Hier hätte die Schwiegermutter sich zunächst erkundigen sollen, ob sie für ihren Sohn und dessen Familie kochen darf, bevor sie eigenmächtig Essen vorbeibringt. Eine solche Frage hätte Klarheit darüber gebracht, ob es als Hilfe gedacht ist oder ob dahinter der Vorwurf steht, dass die Schwiegertochter nicht gut genug kochen kann. In dieser Situation ist es wichtig, dass die Eltern sich einig sind, egal, ob sie das Essen schätzen oder es lieber nicht bekommen wollen. Beide müssen mit der Mutter beziehungsweise der Schwiegermutter sprechen, am besten gemeinsam. Zum Streit zwischen den Eltern führt es, wenn sie sich nicht einig sind. Welche Lösung für die Familie hilfreich ist, entscheiden die Eltern, und die Enkelkinder sind meistens sehr erleichtert, wenn die Erwachsenen sich wieder vertragen.

Ein anderer Aspekt, der immer wieder zu Meinungsverschiedenheiten führt, ist der Umgang mit Süßigkeiten. Viele Eltern sind dagegen, dass ihre Kinder Süßigkeiten bekommen, und möchten, dass die Großeltern den Enkeln keine Schleckereien mitbringen.

O-Ton: *Eine Großmutter vertrat ihren Kindern gegenüber die Ansicht: »Ich finde es affig, und ich bin die Omi und kann den Kindern doch einfach Süßigkeiten geben. Also, zu Hause könnt ihr das ja machen, wie ihr wollt. Doch hier in meinem Hause habe ich das Sagen!«*

Sie erzählte auch, dass sie mit den jungen Leuten darüber immer wieder in Streit geriet. Als wir in einem Großeltern-Kurs darüber sprachen, gab es eine kontroverse Diskussion. Einige Großeltern hielten es für sinnvoll, vorher mit den Eltern zu sprechen und sich zu einigen, was erlaubt und was verboten ist. Andere erzählten über besondere Abmachungen. So hat eine Oma den beiden Enkeln beim Verabschieden jedem zwei Gummibärchen als Wegzehrung mitgeben. Enkelkinder lieben so etwas; es erleichtert den Abschied und die allermeisten Eltern sind damit auch einverstanden.

Es gibt allerdings auch den umgekehrten Fall, dass die Enkelkinder sehr viele Süßigkeiten bekommen und Sie als Großeltern sich Sorgen um die Gesundheit ihrer Enkel machen. Hier sind sachliche Gespräche mit den Eltern angesagt. Die Großeltern können auch positiv auf die Enkel einwirken, indem sie ihnen beispielsweise in Geschichten die Auswirkungen von zu hohem Zuckerkonsum erklären oder den Kindern statt Süßigkeiten Obst anbieten.

O-Ton: *Ein Großvater berichtet: »Ich habe meinen Enkelkindern die Geschichte von ›Karius und Baktus‹ erzählt. Ich habe in meiner Erzählung richtig wüste Kerle aus den beiden gemacht, die in den Zähnen wüten und lauter Löcher graben. Das hat die Kinder schon beeindruckt. Bei uns gab es dann einfach mehr Obst und wenig oder keine Süßigkeiten. Dazu wurden die Zähne gründlich geputzt!«*

Ordnungsverhalten

Jede Familie hält auf ihre Art und Weise Ordnung. Bei den einen ist es tipptopp und alles wie aus dem Katalog, bei den anderen herrscht das reinste Chaos. Als Großeltern sehen wir womöglich einiges, was so ganz und gar nicht in unser Weltbild passt, oder sind verwundert über die klare Ordnung. Im Falle der Unordnung stellen sich Fragen: Wie verhalte ich mich? Kann ich darüber hinwegsehen und die jungen Leute machen lassen? Oder brauchen sie meine Unterstützung – und wenn ja, wie kann ich sie anbieten?

In der einen Familie werden die Schuhe an der Haustür ausgezogen, in der anderen ist das ganz egal. Manche Eltern überlassen das Aufräumen des Kinderzimmers allein den Kindern, das klappt dann mal mehr, mal weniger gut. Sie als Großeltern können gelassen sein und sich zurücknehmen. Sie können helfen, müssen das aber nicht. Konflikte und Streitereien vermeiden Sie, wenn Sie sich mit Kritik zurückhalten und sich nicht unnötig einmischen.

O-Ton: *Eine Oma berichtet, dass sie bei einem Besuch bei ihren Kindern die Unordnung im Zimmer ihrer zehnjährigen Enkelin ansprach: »Meinst du nicht, du solltest mal wieder Ordnung schaffen?« Die Enkelin erwiderte mit entwaffnender Ehrlichkeit: »Ich mag das so und fühle mich wohl.« Die Oma hat es dann auch gelassen und der Mama davon erzählt. Das hörte das Kind und meint: »Jaja, ich weiß schon, ich muss mein Zimmer wieder mal aufräumen!« - sprach's und machte sich an die Arbeit!*

Grenzen sind dann zu setzen, wenn es um die Hygiene geht und der Haushalt tatsächlich unsauber oder gar verwahrlost ist.

O-Ton: *Der sechsjährige Enkel zeigte der Oma bei einem Besuch ganz stolz die Schätze in seiner Schreibtischschublade und erzählte, er sei ein Naturforscher. Da lagen Würmer und Schnecken, Blätter, Steine und Stöcke und es roch ziemlich unangenehm. Die Oma war ganz entsetzt: »Das musst du sofort ausräumen und wir müssen sauber machen!« »Nein«, schrie der Enkel, »ich dachte, du findest das auch so toll wie ich.« Gemeinsam überlegten sie, was sie tun könnten. »Meinst du nicht, wir sollten den Tieren draußen einen Platz suchen, damit sie gut leben können? Steine kannst du ja hier sammeln.« Gemeinsam machten sie sauber und fanden für die Schätze einen guten Platz im Garten.*

Fernsehen

Als Großeltern orientieren Sie sich – wenn die Enkel bei Ihnen sind – an den Regeln, die die Eltern aufgestellt haben. Falls es keine gibt, gestalten Sie die Handhabung nach Ihren eigenen Richtlinien. So gibt es Familien, die den Fernsehkonsum sehr streng handhaben, und solche, die keine Regeln und Einschränkungen haben.

Einige Fragen sollten aber immer geklärt werden: Was darf das Enkelkind sehen? Und wie lange? Das sind die wichtigsten Themen, die mit den Eltern besprochen werden müssen. Wie gehen die Eltern selbst damit um?

O-Ton: *Mein Enkelkind erzählt: »Wenn ich in Spanien bei meiner Großmutter bin, dann darf ich immer fernsehen, denn in der großen Küche ist der Fernseher einfach an. Die Mama mag das nicht, das weiß ich schon, doch in den Ferien ist es halt so. Manchmal spiele ich dann auch einfach und schaue gar nicht mehr hin.«*

Solche Gewohnheiten können natürlich zu Streitigkeiten führen, doch gilt wie bei allen Konflikten auch hier: Eine gemeinsame Lösung finden!

Neue Medien

In den Familien ist es längst ein aktuelles Thema, wie die neuen Medien genutzt werden. Gibt es Absprachen, Einschränkungen und Regeln? Wann und wie dürfen die Kinder diese benutzen? Gelten die Abmachungen auch für die Erwachsenen?

O-Ton: *Eine Großmutter erzählt, dass der Opa schon am Frühstück sein Handy zückt, den Wetterbericht nachschaut und seine wichtigen Nachrichten checkt. Als die Enkel zum Übernachten da waren, haben die Kinder sofort interveniert: »Opa, Handy beim Essen ist verboten! Mama und Papa erlauben uns das nicht! Oder dürfen wir das hier?« Die Großmutter berichtet, dass sich eine lebhafte Diskussion anschloss und der Opa tatsächlich sein Handy weglegte.*

Für den Umgang mit dem Handy ist es gut, gemeinsame Regeln aufzustellen. Sprechen Sie dazu über folgende Themen: Ist das gemeinsame Essen eine handyfreie Zeit, oder müssen die Kinder, Eltern und Großeltern immer erreichbar sein? Ist es wirklich nötig, 24 Stunden verfügbar zu sein, womöglich sogar auf der Toilette? Viele Familien sind dazu übergegangen, eine telefonfreie Zeit einzuführen. Einige legen die Handys in eine Extrakiste und machen sie beim Essen aus. Andere vereinbaren Telefonzeiten, die regeln, wann die Kinder telefonieren dürfen und sie selbst für andere erreichbar sind. Viele Eltern und Großeltern schalten das Smartphone über Nacht aus. Die Mediennutzung ganz allgemein raubt oft viel Zeit, in der die direkten Beziehungen und der die Aufmerksamkeit der Familienmitglieder untereinander fehlen.

Schwieriges Verhalten der Enkel und andere Herausforderungen

Es gibt Fälle, da haben Großeltern Probleme mit dem Verhalten der Enkel. Möglicherweise sind die Kinder so wütend, dass sie andere beleidigen; mitunter kommt es sogar vor, dass Sie von den Enkeln getreten oder geschlagen werden.

Wie sollte man mit solchen Situationen umgehen? In den Großeltern-Kursen diskutieren wir darüber meistens sehr hitzig und kontrovers. Die einen raten, auf keinen Fall die Beleidigung zuzulassen und sofort eine Grenze zu setzen. Die anderen sehen das gelassener und reagieren wesentlich entspannter. Doch welche Reaktionen sind überhaupt möglich und was für Folgen können sie auslösen? Schauen wir einmal genauer hin!

Was passiert, wenn man emotional reagiert und möglicherweise selbst schreit, laut und ausfallend wird? Mit großer Wahrscheinlichkeit wird der Streit eskalieren, wenn man mit »gleicher Münze zurückzahlt«. Vermutlich ist es wesentlich sinnvoller, besonnen und achtsam zu reagieren.

Das bedeutet jedoch nicht, dass man die Beleidigungen einfach ignorieren sollte, denn das Ignorieren eines Fehlverhaltens führt meist nicht dazu, dass es eingestellt wird. Wichtig ist es, den Kindern eine klare Grenze aufzuzeigen, damit sie erkennen: Dieses Verhalten war nicht in Ordnung.

Wenn die Kinder über die Stränge schlagen, ist es gut, wenn Sie versuchen, Ihre Aufregung in den Griff zu bekommen. Zählen Sie leise bis zehn, atmen Sie dreimal tief durch oder verlassen Sie kurzzeitig den Ort des Geschehens, um »runterzukommen« und einer Eskalation vorzubeugen. Ist die Situation dann überstanden, hat es sich auch bewährt, zu einem späteren Zeitpunkt noch einmal über das Geschehen zu sprechen und gemeinsam nach Verhaltensalternativen zu suchen.

i

TIPP

- Klar und deutlich sagen,
  dass man nicht beleidigt werden möchte.
- Wenn sich die Gemüter wieder beruhigt haben,
  über den ganzen Vorfall sprechen.
  Orientierung für die Enkel geben.

Die Gespräche in den Kursen zeigen auf, dass es keine Patentrezepte gibt. Jede Situation fordert uns Großeltern aufs Neue heraus, und wir versuchen, richtig und besonnen zu handeln. Eine Teilnehmerin formulierte sehr treffend: »So wahrt man seine Würde und sein Gesicht.«

O-Ton: *Die dreijährige Enkeltochter ist regelmäßig einmal die Woche für einen Nachmittag bei den Großeltern. Was genau passiert ist, wird nicht klar, doch eines Nachmittags sagt die Dreijährige zu ihrer Oma: »Du spinnst ja.« Diese ist empört und richtig beleidigt. Sie schimpft mit dem Kind und beschwert sich beim Opa, dass das Kind unverschämt sei. Am Abend ruft der Großvater bei der Schwiegertochter an und gibt den Ärger weiter. Die Großeltern wollen das Kind nicht mehr beaufsichtigen, wenn es so ungezogen ist. Die Eltern beraten sich, denn sie finden das Verhalten ihres Kindes eher harmlos und nicht so schlimm. Der Sohn telefoniert mit seinem Vater und gemeinsam entschuldigen sich die jungen Eltern. Die Eltern erklären darauf der Dreijährigen, dass sie die Oma nicht beleidigen dürfe.*

Die Eltern haben sich abgesprochen und zusammengehalten. Der Sohn stand zu seiner Frau und war zudem respektvoll gegenüber seinen Eltern. Die Eltern waren froh, dass der doch eher harmlose Konflikt so aus dem Weg geschaffen wurde und die Großeltern weiterhin das Kind betreuen.

O-Ton: *Eine ganz andere Geschichte berichtet eine Großmutter: »Mein Enkel spielte Krieg und benutzte einen Stock als Pistole. Im Spiel schrie er mich plötzlich an: ›Peng, ich erschieße dich.‹ Als ich in Tränen ausbrach und dann richtig wütend wurde, war der Vierjährige sehr betroffen. Nachdem ich mich wieder beruhigt hatte, erzählte ich ihm, wie ich nach dem Krieg erlebt hatte, dass ein Soldat mich mit der Waffe bedrohte. Ich erzählte, dass ich jetzt wieder Angstgefühle hatte, genau wie damals.« Gemeinsam trösteten sich die Oma und der Enkel.*

Sie berichtete weiter, dass sie eine Weile nicht mehr so gern auf das Kind aufpassen wollte. Sie habe sich auch gescheut, mit ihrer Tochter und dem Schwiegersohn über den Vorfall zu sprechen. Als sie nach einiger Zeit doch mit den Eltern über das Erlebnis sprach, reagierten diese verwundert und mit Unverständnis. Sie konnten nicht nachvollziehen, dass sie sich nach so langer Zeit dermaßen aufführte. Jungs spielten eben mal mit Pistolen. Diese Reaktion hatte sie befürchtet, und sie bereitete ihr viel Kummer.

Ein weit verbreitetes Problem geht damit einher, dass viele Großeltern ihre Enkel am liebsten ständig knuddeln würden. Für einige Enkelkinder ist das aber zu viel oder zu nah. Selbst kleine Kinder zeigen sehr klar, ob sie ein Verhalten bei vertrauten oder fremden Personen mögen oder nicht, Sie als Oma oder Opa sollte hier ganz genau auf Grenzen achten, die sich das Kind wünscht. Akzeptieren Sie diese Grenze und bleiben Sie gelassen; nicht immer läuft es seitens des Enkelkindes nämlich so entspannt und einsichtig wie hier:

O-Ton: *Der fünfjährige Sohn beklagt sich bei seiner Mutter, er wolle nicht, dass die Oma ihm immer solche »Schlabberküsse« gibt. Die seien eklig, findet er. Gemeinsam mit der Mama überlegen sie, wie sie es der Oma sagen können, damit sie nicht gekränkt ist und verstehen kann, dass der Enkel diese Art Küsse nicht mag. Die Mama bespricht mit dem Sohn, dass sie dies beim nächsten Besuch der Oma ansprechen werde. »Wir sagen es der Oma zusammen, okay?« Und sie überlegen gemeinsam, womit sie der Oma eine Freude machen können. Der Junge schlägt vor: »Ich male Oma ein Bild.«*

Ich kenne durchaus Großeltern, die mit großem Unverständnis reagierten und das Verhalten des Enkels als unmöglich befanden und meinten, er sei schlecht erzogen. Es liegt auf der Hand, dass eine solche Reaktion der Großeltern Ärger erzeugt; das kann so weit gehen, dass die Elternfamilie sich zurückzieht. Es kann aber auch sein, dass die Mutter selbst kein Verständnis zeigt und den Jungen zurechtweist, er solle sich doch nicht so anstellen. Dann erfährt das Kind, dass sein Wunsch nach Abgrenzung nicht ernst genommen wird.

Eine andere Schwierigkeit entsteht, wenn die Großeltern mit dem Verhalten der Enkelkinder nicht zurechtkommen. Wenn Kinder toben, schlagen und treten, so ist das Verhalten des Kindes nicht akzeptabel, doch wie können wir als Großeltern angemessen mit solchem Verhalten umgehen?

O-Ton: *Ein Opa erzählt, sein fünfjähriger Enkel habe regelrechte Wutanfälle. Das letzte Mal brüllte und tobte das Kind so sehr, dass er und die Oma das Kind in die Kammer gesperrt haben. Es war nach einiger Zeit still. Sie wussten einfach nicht mehr weiter. Nun will der Enkel nicht mehr zu den Großeltern.*

Selbstverständlich ist diese Reaktion der Großeltern nicht die richtige Lösung. Welche Unterstützung brauchen Großeltern, um mit solchen Problemen umzugehen? Die Eltern im oben geschilderten Beispiel waren empört und mit dem Verhalten der Großeltern nicht einverstanden. Die Betreuung wurde abgebrochen, und es brauchte einige Gespräche, um zu klären, ob die Großeltern den Enkel überhaupt weiter betreuen können.

TIPP

Kinder brauchen Grenzen, aber auch unseren Respekt. Versuchen Sie, insbesondere in kritischen Situationen, wertschätzend und respektvoll zu bleiben. Aussagen wie »Du bist ein schwieriges Kind, immer schreist du gemeine Wörter« vermeiden!

»Immer« und »nie» sind Killerphrasen, auf die man nicht richtig antworten kann. Ihr Enkelkind ist sicher nicht immer wütend!

Zeigen Sie Verständnis: »Ich kann verstehen, dass du wütend bist. Dein Schreien und Schimpfen beleidigt mich und das finde ich nicht in Ordnung. Okay? – Was brauchst du, damit du wieder ruhiger wirst?«

Wie schön, wenn Sie als Oma oder Opa dazu beitragen können, dass eine Versöhnung gelingt und Sie zusammen mit dem Enkelkind feststellen, dass die Welt wieder in Ordnung ist!

6 Zum Glück gibt's Oma und Opa!

Großeltern sind in erster Linie Menschen, und erst in zweiter Linie haben sie die Rolle der Großeltern, neben vielen anderen sozialen Rollen. Ihre die Beziehungen zu den anderen Familienmitgliedern können lebendig und anregend sein, sie können sogar sehr hilfreich sein. Schauen wir deshalb genauer hin, um herauszufinden, wie diese Beziehungen gut gelingen können! Oft hat die heutige Großelterngeneration guten Kontakt zu ihren erwachsenen Kindern und auch zu den Enkelkindern. Doch Verwandtschaft ist nicht immer nur einfach …! Deshalb gilt: Alle Verhaltensregeln, die im Umgang mit Freunden wichtig sind, sind in Familien ebenso angebracht.

Wie Sie den Familienfrieden aktiv mitgestalten

In den allermeisten Familien wird von Zeit zu Zeit gestritten, bei den einen mehr, bei den anderen weniger. Das ist ganz normal, ein Zeichen von Lebendigkeit. Sie haben im Laufe Ihres Lebens viele Erfahrungen gesammelt und wissen, dass es Respekt, Rücksichtnahme und Einfühlung braucht, um konstruktiv mit Streit umzugehen. Auf dem Weg zur Konfliktregelung und der Verständigung ist es wichtig, dem Gegenüber trotz Streit zu signalisieren: »Du bist mir wichtig« und nicht »Du bist mir gleichgültig«.

Streiten ist eine Handlung, die Menschen aktiv gestalten, im Gegensatz zu den Konflikten, die entstehen können, wenn Menschen zusammen sind und unterschiedliche Wünsche oder Bedürfnisse haben. Wir reagieren und regeln diese – aktiv – entweder einvernehmlich oder destruktiv. Konstruktives, gleichsam faires Streiten kann man lernen, und daher finden Sie hier in diesem Buch viele Ideen und Tipps, die dabei helfen können, Streitigkeiten fair zu regeln.

Hilfreich ist, wenn ich mein Gegenüber nicht als Person abwerte, sondern nur die Handlung oder das Tun, das zum Streit führte, kritisiere und benenne. Großeltern haben eine Schlüsselrolle, wenn es darum geht, in Familien Konflikte oder Streitigkeiten zu regeln. Sie können »helfende Geister« in den Familien Ihrer erwachsenen Kinder werden, wie es Virginia Satir nennt.[17] Ob das tatsächlich gelingt, hängt immer von der individuellen Situation, die zu dem Streit führte, ab – und von Ihrer Reaktion. Mitunter ist es sinnvoll, dass Sie sich überhaupt nicht einmischen und sich möglichst zurückziehen, während es in anderen Fällen beruhigend wirken kann, wenn Sie Ihre Unterstützung anbieten. Manchmal hilft der Hinweis auf einen Perspektivenwechsel, damit die Kontrahenten versuchen, eine andere Sichtweise einzunehmen. Das erleichtert es, aus der verengenden Problemsicht heraus zu finden und einen freien Blick auf Lösungen zu bekommen.

O-Ton: *Eine Großmama berichtet von einem Besuch bei ihrer Familie: »Während das Abendessen zubereitet wurde, wollte meine Enkelin mit dem Tablet spielen. Die Mama bestand darauf, dass sie erst ihre Hausaufgaben fertig machen sollte. Ärger, Wut und Weigerung der Enkelin folgten. Die Situation eskalierte schließlich und die Mutter verbat jede Tablet-Nutzung für diesen Abend. Schreiend lief die Neunjährige aus dem Zimmer, und wenig später hörte man es im Wohnzimmer poltern und krachen. Dann Stille.*

17 Quelle Virginia Satir

Als ich fragte, ob ich mal nachschauen soll, entgegnete die Mutter: ›Ich geh schon.‹ Total sauer erzählte sie wenig später: ›Stell dir vor, sie hat die Bücher aus dem Regal geschmissen und den Wäscheständer umgeworfen, der dort stand. Na, die kann was erleben. Die Strafe wird nur erweitert!‹ Dennoch erlaubte sie mir, zu meiner Enkelin zu gehen. Ich glaube, mein Verständnis dafür, dass sie mit dem Tablet spielen wollte und dass sie nun wütend war, half dem Mädchen, sich zu beruhigen. Ich erklärte ihr dann noch, dass es weitere Konsequenzen geben könnte und dass ihre Mama über die Unordnung sehr ärgerlich war. Als ich sie kurz in den Arm nahm und fragte, ob ich beim Aufräumen helfen sollte, löste sich der Ärger. Gemeinsam räumten wir die Bücher zurück und kümmerten uns um die Wäsche. Die Situation entspannte sich und es wurde keine weitere Strafe verhängt.«

Für alle Kinder und eben auch die Enkelkinder ist die Familie ein ausgezeichnetes Betätigungsfeld, um Konfliktfähigkeit zu trainieren. Im sicheren Umfeld können sie lernen, wie man Probleme löst, sogar nach heftigen Wutausbrüchen. In dieser vertrauten Umgebung erleben sie, wie eine Versöhnung gelingen kann, wie wichtig die anderen sind und wie gerne sie sich wirklich mögen.

Man kann Streiten auch als soziale Fähigkeit betrachten, die allen Familienmitgliedern die Chance gibt, ihre Meinung zu äußern und gute Argumente für ihre Position zu finden. Durch Streitigkeiten lernt man, dass es sich lohnt, für etwas zu kämpfen und dafür einzustehen – und nicht nur gegen etwas zu sein. Lassen Sie sich nicht entmutigen, wenn in Ihrer Familie das Streiten nicht immer gleich gut gelingt. Mitunter ist es zum Beispiel sehr schwer, sich wieder zu versöhnen. In einigen Fällen braucht es eine gewisse Zeit und den nötigen Abstand, um wieder ins Gespräch zu kommen und eine Versöhnung einzuleiten.

ⓘ

> **TIPP**
>
> ***Grundlegende Regeln für gutes Streiten***
>
> - Nur das Verhalten kritisieren, nicht die ganze Person abwerten.
> - Perspektivenwechsel – eine andere Sichtweise einnehmen.
> - Verständnis (Empathie) für den anderen aufbringen.
> - Gefühle – die eigenen und die der anderen – erkennen und benennen.

Sehr humorvolle erzählt das »Rabengedicht«, wie schnell ein Streit geschieht und dass eine Reglung gelingen kann. Meine Enkelkinder lieben es!

Warum sich Raben streiten *(Frantz Wittkamp)*

Weißt du, warum sich Raben streiten?
Um Würmer und Körner und Kleinigkeiten,
um Schneckenhäuser und Blätter und Blumen
und Kuchenkrümel und Käsekrumen,
und darum, wer recht hat und unrecht, und dann
auch darum, wer schöner singen kann.
Mitunter streiten sich Raben wie toll
darum, wer was tun und lassen soll,
und darum, wer erster ist, letzter und zweiter
und dritter und vierter und so weiter.
Raben streiten um jeden Mist.
Und wenn der Streit mal zu Ende ist,
weißt du, was Raben dann sagen?
Komm, wir wollen uns wieder vertragen!

Wichtige Voraussetzungen für eine Streitregelung

Wollen wir einen Streit regeln, ist die wichtigste Voraussetzung dafür die Einwilligung der Beteiligten, zu einer friedlichen Reglung beizutragen. Diese Einwilligung muss auf jeden Fall freiwillig erfolgen; außerdem ist es wichtig, dass die Beteiligten versuchen, dem jeweils anderen zuzuhören und selbst freundlich zu sprechen. Heftige Gefühle wie Wut oder Ärger sollten abgekühlt sein, damit die Streitregelung friedlich verlaufen kann. Diese Bildergeschichte von den zwei Eseln erzählt auf anschauliche Weise von einer gelungene Streitregelung:

Für die Enkelkinder bietet die Bildergeschichte eine wunderbare und leicht verständliche Anregung, wie ein Streit geregelt werden kann. Die beiden Esel wollen gleichzeitig fressen, doch das gelingt ihnen nicht. Gemeinsam überlegen sie und finden die Lösung: Sie tun sich erst zusammen an dem einen Heuhaufen gütlich, dann an dem anderen. Beide gewinnen und beide werden satt! Die streitenden Menschenkinder können das Verhalten der Esel in der Fabel leicht auf sich selbst übertragen: Bei einem Streit ist es hilfreich, miteinander zu beraten, um eine Lösung zu finden. Sie als Großeltern begleiten und unterstützen die großen und kleinen Kinder dabei.

Umgang mit Wut und anderen heftigen Gefühlen

Gefühle begleiten uns durchs Leben, sie sind überall dabei. Sie bestimmen unser Verhalten und prägen zwischenmenschliche Handlungen und Beziehungen. Die Begriffe »Emotion« und »Gefühl« werden meist synonym verwendet, doch genau genommen meint der Begriff Emotion die Bewegungen, die wir sehen: wie wir lachen, weinen, zittern, während das Wort Gefühl den Gemütszustand beschreibt, etwa traurig oder fröhlich. Um ein Gefühlschaos zu vermeiden, ist es notwendig, eine Balance zwischen dem Ausleben und dem Steuern der Gefühle zu schaffen. Aufgrund ihrer Erfahrung sind Erwachsene meist in der Lage, angemessen mit ihren Gefühlen umzugehen. Kinder dagegen leben in Krisensituationen ihre heftigen Gefühle direkt aus. Den angemessen Umgang damit müssen sie erst noch lernen. Es hilft den Enkeln, wenn wir sie dabei unterstützen, Fähigkeiten zu trainieren, um ihre Gefühle zu regeln und zu kontrollieren. Beim Streit spielt das Gefühl der Wut oft eine zentrale Rolle. Sie gehört zum Leben wie Angst, Trauer, Freude und Ohnmacht. Es passiert einfach immer wieder, dass wir richtig wütend werden. Dann würden wir am liebsten ...!! Ja, genauso ergeht es auch unseren Enkeln. In solchen Momenten ist es hilfreich, sich daran zu erinnern, dass Gefühle an sich ist erlaubt sind; aber nicht alle Verhaltensweisen, die aus der Wut resultieren können, sind akzeptabel. Die Grenzen verlaufen dort, wo jemand zu Schaden kommen oder etwas zerstört werden könnte.

Vielleicht hilft es, wenn Sie den Kindern erklären, dass die Wut mit einem wilden Raubtier vergleichbar ist – und dass es gut ist, sie zu zähmen. Dazu braucht man gute Ideen und eine große Portion Geduld! Je besser man seine Wut kennt, desto besser kann man sie zähmen. Kinder haben dabei oft kreative und wunderbare Einfälle.

O-Ton: *So kam ein siebenjähriger Junge auf die Idee, »Wutmonster« zu malen, als er bei seiner Oma war. Das wurden furchterregende Ungeheuer und zauberhaft bunte Bilder. Die Oma berichtet, dass sie beim Malen gemeinsam überlegt haben, wie man diese wilden Monster am besten zähmen kann.*

Wie groß ist die Erleichterung, wenn man seine Wut wieder los ist! Großeltern mit ihrer Erfahrung und durch Distanz gewonnen Gelassenheit können ihre Enkel oft gut dabei unterstützen, wenn es darum geht, einen konstruktiven Umgang auch mit den heftigsten Gefühlen zu lernen. Vielleicht ist die Geschichte von den zwei Wölfen, die der weise alte Indianerhäuptling seinem Enkel am Lagerfeuer erzählt, hilfreich? Sie illustriert dieses Thema sehr anschaulich.

»Mein Sohn, das ist so. Jeder Mensch trägt zwei Wölfe in sich; einer verkörpert das Gute, die Liebe, die Freude, die Güte, das Mitgefühl, die Hilfsbereitschaft, das Verzeihen … Der andere verkörpert alles Schlechte und Üble in uns, den Neid, den Hass, die Gier, den Zorn, die Rücksichtslosigkeit. Diese beiden Wölfe in uns bekämpfen einander fortwährend.« Darauf der Jüngling: »Schön und gut, aber wer gewinnt denn nun von beiden?« Die Antwort lautet: »Es gewinnt der Wolf, den du fütterst!«[18]

O-Ton: *Eine Oma berichtet, wie sie mit ihrer achtjährigen Enkelin über die Geschichte nachdachte: »Was heißt denn füttern, mit was denn, der Wolf braucht doch Fleisch?«, fragte die Enkelin verwundert. »Den verständigen Wolf mit Vorsicht oder Nachdenken füttern!«, erläuterte die Großmutter. Das Mädchen überlegte kurz und ergänzte dann: »Ach so, genau, und den bösen Wolf füttert man mit Gemeinheiten und extra Scheußlichkeiten, oder?«*

In zahlreichen Schriften geht es um die Wut – das reicht von wissenschaftlichen Untersuchungen bis hin zu Romanen oder weltberühmten Dramen. Es ist eines der grundlegenden Gefühle, das Menschen immer wieder bewegt. So hat auch der Enkel von Mahatma Gandhi, Arun Gandhi, ein sehr berührendes Buch über seine Erfahrungen mit seinem Großvater geschrieben, in dem er berichtet, was sein Großvater ihn

18 Watzke, Ed: ***»Wahrscheinlich hat diese Geschichte gar nichts mit ihnen zu tun…«. Geschichten, Metaphern, Sprüche und Aphorismen in der Mediation.*** Bad Godesberg 2008, S. 90.

über den Umgang mit diesem heftigen Gefühl gelehrt hat, immer mit dem Ziel, Konflikte und Streit gewaltfrei zu lösen. Sein Grundsatz lautete: Aus Wut mach Mut! Eine sinnvolle Grundlage für jede Streitschlichtung. Gandhi sagte zu seinem Enkel: »Wenn wir die Welt ändern wollen, müssen wir uns selbst ändern. Wenn wir eine friedliche Welt wollen, müssen wir den Frieden in uns selbst finden.«[19] Der Friede in uns führt uns – wie über eine Brücke – zum Familienfrieden. Jede Familie wünscht sich ein friedliches Zusammenleben, doch es ist normal, wenn sich friedliche Familienzeiten mit solchen Phasen abwechseln, in denen es Streit gibt. Als Großeltern mit eigener Familienerfahrung wissen Sie, wie schnell ein harmonisches Gleichgewicht kippen kann. Ein falsches Wort, eine Sache übersehen oder ein Missgeschick – und schon hängt der Haussegen schief und die Gefühle drohen zu explodieren.

Was ist in einem solchen Moment hilfreich? Was muss ich wissen und was kann ich tun, damit ein Streit nicht aus dem Ruder läuft? Worauf muss ich achten? Ist es wichtig, sich nach einem Streit zu entschuldigen? Wie gelingt es, sich wieder zu vertragen und zu versöhnen?

O-Ton: *»Wie kann so was gehen? Wenn ich streite, dann bin ich wütend, dann sehe ich rot und bin oft außer mir!«, schildert ein Großvater, der vom Streit mit seinem Enkel berichtet.*

Erneut wird deutlich: Bevor ein Streit geregelt werden kann, müssen wir mit unserer Wut klarkommen. Erst wenn sich die Gemüter beruhigt haben, kann an eine faire Schlichtung des Streits gedacht werden. Je nach Persönlichkeitsstruktur sind es unterschiedliche Dinge, die beim Beruhigen helfen.

19 Ebd., S. 198

Dem einem hilft es, erst einmal tief durchzuatmen, und ein anderer muss sich bewegen. Wieder andere brauchen einen räumlichen Abstand und Distanz.

O-Ton: *»Mir hilft es, aus dem Zimmer zu gehen oder noch besser einen Spaziergang zu unternehmen, dann werde ich wieder ruhig. Danach bin ich auch wieder bereit, mit den anderen zu reden oder mich zu entschuldigen.«*

Finden Sie heraus, was Sie und Ihre Enkelkinder brauchen, und was die Wut zähmt! Individuelle Lösungen sind gefragt.

Die Schlichtung eines Streits

Wenn es gelungen ist, die heftigen Gefühle zu regulieren, dann kann – Schritt für Schritt – an eine Streitschlichtung herangegangen werden. Handlungsleitend sollte dabei die Idee des »fairen Streitens« sein. Was ist damit gemeint?

»Fair streiten« meint, dass sich alle Personen, die am Streit beteiligt sind, nach der Streitregelung gestärkt fühlen und keiner ein Verlierer ist oder gar beschämt zurückbleibt. Bei der fairen Regelung eines Streits besteht der erste Schritt darin, die eigenen Bedürfnisse und die dazugehörigen Empfindungen angemessen zu äußern, ohne dem anderen etwas zu unterstellen oder ihn abzuwerten.

Sind Sie am direkten Streitgeschehen nicht aktiv beteiligt, entsteht eine besondere Situation. Vielleicht bekommen Sie den Streit mit, da Sie sich zufällig im gleichen Raum oder in der Nähe aufhalten; oft fühlt man sich dann sehr unbehaglich. Das kennen wir wohl alle! Kindern, die im Nebenraum sind und den Streit der Eltern oder Großeltern mit anhören, geht es ebenso. Die angespannte Streitstimmung trifft dann auch den Zuhörenden. Kinder haben meistens Angst, wenn ihre Eltern oder andere Personen streiten.

Solche Situationen gibt es natürlich auch außerhalb der Familie. Ihr Enkel hat einen Streit in der Kindergartengruppe oder der Schulklasse miterlebt und war negativen Stimmungen ausgesetzt, ohne direkt beteiligt zu sein. Kinder sind darüber oft sehr aufgeregt. Großeltern gelingt es oft, das Kind zu beruhigen. Meist hilft das Erzählen über das Geschehen, um Gefühle loszuwerden und wieder ins seelische Gleichgewicht zu kommen. Auch den Kindern helfen – wie anderen Streitenden – die zuvor beschriebenen Tipps für den Umgang mit heftigen Gefühlen. Finden

Sie heraus, was Ihr Enkelkind in der jeweiligen Situationen braucht.

Wenn die Enkelkinder in einen Streit verwickelt sind, dann sollten Sie auch bei der Streitschlichtung mit beteiligt sein. Sie können bei allen Schritten zur Klärung des Streits mitsprechen, erzählen ihre Sicht und tragen zur Lösung bei.

Schritt für Schritt zur Lösung mit der Friedenstreppe

Mit sicheren und überschaubaren Lösungsschritten soll ein Streit geregelt werden. Klare Strukturen und ritualisierte Abläufe erleichtern jede Streitschlichtung. Die »Friedenstreppe« veranschaulicht dies auf leicht verständliche Weise. Die Vorteile dieser Methode bestehen darin, dass die Streitenden sich relativ schnell beruhigen, sich ernst genommen fühlen und die Selbstwirksamkeit gestärkt wird.

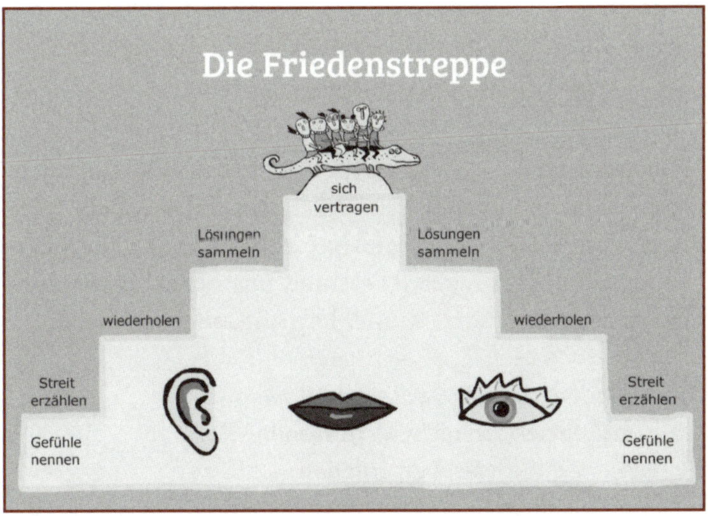

Schritt 1: Streit erzählen und Gefühle nennen

Zunächst einmal wird die Konfliktsituation aus der eigenen Sicht geschildert. Dazu bekommt jeder der Streitenden die Gelegenheit. Eine erste Einigung gelingt, wenn geklärt ist, wer mit dem Erzählen beginnt. Der eine spricht, der andere hört nur zu. Wie kam es zum Streit? Was ist passiert? Was hast du dabei gefühlt? Wichtig ist, dass dabei jeweils von sich (»Ich-Botschaften«) und freundlich gesprochen wird (Anschuldigungen und Schimpfwörter vermeiden). Jede Partei soll genügend und gleich viel Zeit zum Erzählen bekommen. Beiden Streitenden (beziehungsweise allen, wenn mehrere Personen beteiligt waren) werden mit den gleichen Worten aufgefordert, über das Erlebte zu berichten:

A) »Erzähle, worum es beim Streit für dich ging und welche Gefühle du dabei hattest!«
B) »Erzähle, worum es bei dem Streit für dich ging und was du für Gefühle hattest!«

Schritt 2: Wiederholen des Gehörten. Was hat der andere dabei gefühlt?

Jeder wiederholt – nacheinander! –, was er von der Streitgeschichte des anderen verstanden hat. Missverständnisse klären sich schnell auf. Ergänzungen können aufgenommen werden und Nachfragen ist erlaubt, um sicher zu sein, dass alles richtig verstanden wurde. Die Aufforderung lautet:

A) »Wiederhole, was B erzählt hat! Gefühle nennen nicht vergessen!«
B) »Wiederhole, was A erzählt hat! Gefühle nennen nicht vergessen!«

Schritt 3: Gemeinsam Lösungen suchen

Zusammen überlegen die Streitenden, was sie brauchen, um den Streit beilegen zu können. Sie suchen nach einer tragfähigen Lösung und denken darüber nach, was weiter getan werden muss, damit eine Versöhnung gelingt. Zur Befriedung braucht es meist eine Entschuldigung. Wichtig ist es auch, die gefundene Lösung daraufhin zu überprüfen, ob sie realistisch und umsetzbar ist.

*A) »Welche Lösungen sind für dich gut?
Brauchst du eine Entschuldigung?«*
*B) »Welche Lösungen sind für dich gut?
Brauchst du eine Entschuldigung?«*

Schritt 4: Vertragen und Abmachungen

Die Streitenden sprechen ihre gefundene Lösung ab. Sie geben sich zum Vertragen ein Zeichen des Einverständnisses. Jeder wählt aus, wie der Frieden besiegelt werden soll. Bewährt haben sich zum Beispiel die folgenden Ideen: sich die Hände schütteln, sich umarmen oder einander zunicken. Manchmal wollen die Parteien die Vereinbarungen auch schriftlich festhalten.

A)+ B) »Ihr könnt euch beraten und dann einigen. Wollt ihr euch vertragen? Wie wollt ihr das zeigen/besiegeln?«

Diese strukturierten und klaren »Spielregeln« für die Streitschlichtung geben eine eindeutige Orientierung. Mit ihrer Hilfe macht die Regelung eines Streits richtig Spaß und die ritualisierten Schlichtungsschritte auf der Friedenstreppe lassen sich auf viele familiäre Situationen übertragen. Probieren Sie es aus!

Mitsprechen und aktiv Streitschlichten können Kinder ab dem Vorschul- und dann im Schulalter; sie sind meist sehr ebenbürtige Streitpartner. Im Kindergarten oder in der Schule ist soziale Kompetenz wichtig, und Ihre Enkelkinder profitieren von den Erfahrungen im fairen Regeln eines Streits. Als Erwachsene achten Sie darauf, welche Fähigkeit Ihr Enkelkind hat und ob es in der Lage ist, einen Streit zu regeln. Altersangaben sind hier nicht hilfreich, da die Kinder sich sehr unterschiedlich entwickeln. Daher müssen sie auch ganz individuell gesehen werden, um realistisch einzuschätzen, wie viel Unterstützung sie von uns benötigen.

Sollen die Großeltern eingreifen, wenn sich die Enkelkinder untereinander streiten? Wenn Sie sich dafür entscheiden, stellt sich die Frage, wie und vor allem wann Sie aktiv werden? Großeltern werden nicht in jede Streitigkeit, die Enkel untereinander ausfechten, eingreifen. Viele Auseinandersetzungen regeln die Kinder gut alleine, und sie sollen dies auch lernen. Ob Sie eingreifen müssen, hängt vom Alter und der Streitkompetenz der Kinder ab – und auch davon, mit welcher Intensität ein Streit verläuft. Wenn sich die Kinder schlagen, an den Haaren ziehen und Verletzungsgefahr droht, dann ist es erforderlich einzugreifen. Hilfreich ist hier ein »Stopp!« oder »Halt, aufhören!«, außerdem sollten die Streithähne notfalls konsequent getrennt werden. Nach dem Abklingen der heftigen Gefühle können Sie als Oma oder Opa – als Vermittler – mit den Kindern versuchen, den Streit zu klären. Sie als Großeltern müssen, wie schon erwähnt, dabei nicht der Schiedsrichter sein. Sie müssen auch nicht wissen, wer den Streit angefangen hat oder wer »schuld« ist. Das entspannt die ganze Situation sehr. Sie sollen darauf achten, für keines der Kinder Partei zu ergreifen. Bleiben Sie möglichst neutral.

O-Ton: *Eine Großmutter erzählt von einem heftigen Streit zwischen ihren beiden Enkelkindern. Der Kleine schlägt und tritt wie wild auf den Großen ein, der sich kaum noch schützen kann und laut schreit. Die beiden sind fünf und sieben Jahre alt und geraten immer wieder in heftige Auseinandersetzungen. »Der hat mich nicht gefragt und einfach meinen Drachen genommen. Meinen Lieblingsdrachen!« »Der stellt sich so blöd an und flippt gleich aus, der Dummi …«, hört die Großmutter, als sie nachfragt. Schließlich ruft sie laut: »Stopp, sofort aufhören! Jetzt mal Halblang! Pause! Was ist denn passiert? Wer kann mir erzählen, was passiert ist? Bitte keine Beleidigungen und keine Angriffe mehr!. O.K.?«*

Nach dieser Intervention klärte sich die Situation schnell; die beiden Streithähne beschlossen, dass jeder in sein Zimmer geht und der Drache dem Kleinen wieder zurückgegeben wurde. Kurze Zeit später kam der Junge zu seinem Bruder und meinte, jetzt könne er den Drachen haben!

Streit zwischen den erwachsenen Familienmitgliedern

Ein Streit zwischen den Erwachsenen läuft – Sie werden es nicht glauben – im Grunde genommen ganz ähnlich ab wie der zwischen den Kindern. Deshalb gelten für die Streitigkeiten zwischen Erwachsenen entsprechend die gleichen Regelungen, wie sie für die Kinder gelten. Natürlich haben wir im Laufe des Lebens Streiterfahrungen gemacht und prägend in unseren Familien erlebt:

O-Ton: *»Für mich selbst ist es ein lebenslanger Prozess, denn in meiner Herkunftsfamilie habe ich viel destruktives Streiten erlebt« berichtet eine Großmutter. »Als Kind hatte ich immer große Angst vor der Heftigkeit der Gefühle meiner Eltern. Gelernt habe ich aber auch, dass man sich wieder versöhnte, sich entschuldigte und der Familienfrieden wieder hergestellt war. Der Spruch meines Vaters hat mich lange begleitet: ›Streit ist bei uns wie ein reinigendes Gewitter! Kurz und heftig, aber anschließend ist die Luft wieder klar und gut.‹ Bis heute lerne ich dazu beim Streiten, denn immer wieder passiert es mir, dass ich auf alte Muster zurückgreife. Obwohl ich es doch wirklich besser weiß.«*

Wie auch immer Sie in Ihrer Familie mit Streit umgehen und was Sie für Altlasten aus ihren Herkunftsfamilien mitbringen, falls Sie etwas verändern möchten, dann beginnen Sie am besten bei sich selbst!

ⓘ

> **TIPP**
>
> ***Lösungsorientiertes Denken***
>
> - Kleinigkeiten stärken und helfen weiter.
> - Den Anfang wagen: Auch die längste Reise beginnt mit dem ersten Schritt.
> - Bemühen Sie sich um eine wertschätzende Haltung und Respekt.
> - Positiv denken und optimistisch in die Zukunft sehen.

Verantwortung füreinander

Verantwortung ist ein großes Wort! Es meint, dass man für etwas einstehen, sich für etwas verantworten muss. Darüber hinaus umfasst es die freiwillige Übernahme einer Verpflichtung, damit kein Schaden entsteht oder um sich dafür einzusetzen, dass eine Sache einen guten Verlauf nimmt.

Schauen wir nun auf unsere Familien und auf uns: Jeder Mensch trägt zunächst einmal die Verantwortung für sein eigenes Verhalten, für seine Worte und seine Taten, doch in einem Familienverbund oder in Beziehungen haben wir auch Verantwortung für andere. Wenn etwa ein Mitglied einer Gemeinschaft ein Problem hat, dann sind meist alle anderen Gemeinschaftsmitglieder – in einer bestimmten Art und Weise – davon mitbetroffen. Daher zeugt es von Verantwortung, wenn wir versuchen, uns mit um die Bewältigung des Problems zu kümmern. In der Familie führt es zu Schwierigkeiten, wenn jemand die Haltung »Probleme anderer Leute gehen mich nichts an« einnimmt, denn in Familienbeziehungen wirkt ein Problem, das ein Familienmitglied hat, immer auch auf die anderen. Es betrifft die Eltern, Kinder und auch die Großeltern, natürlich in unterschiedlicher Weise. Diese Betrachtungsweise wird als die systemische Sicht auf eine Familie bezeichnet, weil sie das gesamte Familiensystem in den Fokus stellt. Durch Wegsehen und Weghören lösen sich die Schwierigkeiten meist nicht, im Gegenteil: Probleme stauen sich auf, werden größer und verstärken sich. Es hilft, gemeinsam zu überlegen, was wir tun können oder wo wir Hilfe bekommen können.

Verantwortung für sich und andere zu übernehmen, müssen unsere Enkelkinder lernen und üben. Sie gewinnen damit soziale Fertigkeiten für ein gelingendes Miteinander. Wie können wir unsere Enkel dabei unterstützen? Ein guter Weg ist es, wenn die Eltern oder Sie als Großeltern den Kindern Verantwortung übertragen. So können die Enkel (ihrem Alter gemäß) ihre Spielsachen aufräumen, dabei helfen, den Tisch zu decken oder abzuräumen, sie können ihre Hausaufgaben nach und nach immer selbstständiger erledigen und ihr Taschengeld verantwortlich verwalten. Sie als Großeltern unterstützen dies, wenn die Enkel mit Ihnen zusammen sind und Sie Ihnen Aufgaben übertragen. Leben in der Familie Haustiere, dann können die Kinder helfen, diese zu versorgen.

7 Zum Glück gibt es meist mehrere Lösungen!

Wollen wir lösungsorientiert denken oder handeln, hilft es uns, den Blick auf positive Veränderungen und eben Lösungen zu richten, die meist in der Zukunft zu finden sind. Der Fokus liegt also am besten weniger auf der Vergangenheit und dem Problem – positives, zukunftsorientiertes Verhalten ist angesagt, außerdem ein respektvoller und wertschätzender Umgang der Familienmitglieder miteinander. Auf diesem Weg finden sich meist tatsächlich mehrere mögliche Lösungen!

Grenzen setzen

Oft gibt es mehrere Möglichkeiten, um Konflikte zu lösen. Damit das gut gelingt, ist es häufig erforderlich, Grenzen zu setzen, also klar zum Ausdruck zu bringen, dass wir etwas nicht wollen und »Nein« sagen. Viele Menschen vermeiden ein Nein, um Konflikten oder Dissonanzen vorzubeugen. Doch Grenzen zu erkennen und sie zu setzen ist besonders für Familienbeziehungen wichtig – Sie brauchen Grenzen, wenn Sie Ihre Selbstfürsorge ernst nehmen. Sie brauchen Grenzen, um sich und Ihre Bedürfnisse angemessen zu vertreten. Deshalb ist es wichtig, Nein zu sagen, am besten bestimmt, dabei nicht abwertend und lieblos, sondern sehr klar und in einer »Ich-Botschaft« verpackt: »Ich kann den Termin nicht übernehmen, kann ich später helfen?«, oder, an die Enkel gerichtet: »Ich fühle mich gestört, wenn du so laut schreist. Ich möchte gern lesen. Später können wir gern ein Spiel spielen.« Schauen wir uns das einmal genauer an!

Den Enkelkindern Grenzen setzen

Wir haben immer wieder betont, dass Erziehung in erster Linie Sache der Eltern ist, und doch kommen Großeltern in Situationen, in denen sie für ihre Enkel Grenzen setzen müssen. Es gibt Grenzen, die nicht verhandelbar sind, und wir Erwachsenen sollten sie verantwortungsvoll und konsequent durchsetzen, selbst wenn der Frieden dadurch vordergründig gefährdet scheint.

O-Ton: *Beim Überqueren einer stark befahrenen Straße weigert sich der zweijährige Enkel, dem Großvater die Hand zu geben. »Alleine!«, schreit das Kind. »Nein!«, entgegnet der Opa und hält seinen Enkel fest. Die Sicherheit des Kindes geht vor – auch wenn es schreit und protestiert. Später wird der Großvater das seinem Enkel erklären, doch in diesem Moment ist konsequentes, geradliniges Handeln angesagt.*

Genau diese Situation habe ich als Mutter selbst bei einer meiner Töchter erlebt und ging dann oft mit einem schreienden Kind über die Straße. Ruhig und gelassen, ungeachtet der irritierten Blicke der Leute, war ich dann allerdings nicht immer … doch die Sicherheit geht vor.

Die jetzige Großelterngeneration ist bekanntermaßen oft noch mit sehr engen und manchmal rigiden Grenzen aufgewachsen. Damals hat sich eine ganze Generation aufgelehnt und sich Freiräume geschaffen, die unter anderem zum Konzept der »antiautoritären Erziehung« führten. Nun befindet sich diese ehemalige Protest-Generation selbst längst in der Eltern- oder Großelternrolle. Wie halten Sie es mit den Grenzen? Wachsen die Kinder in der Illusion auf, dass alles möglich ist? Es ist tatsächlich so, dass viele Eltern (und auch Großeltern) sehr verunsichert sind, und nicht selten höre ich in der Beratung die Frage: »Darf ich denn Nein sagen? Schade ich damit nicht meinem Kind?« Das zeigt auf, wie groß die Verunsicherung von Eltern heute ist. Vieles, was vor nicht allzu langer Zeit in der Erziehung als ganz selbstverständlich galt, wird nun in Frage gestellt. Doch bei allem Wandel sind Rahmenstrukturen und klare Grenzen meiner Meinung nach unerlässlich, damit die Kinder – unsere Enkelkinder – gesund aufwachsen können.

Immer, wenn es um die Sicherheit oder die Gesundheit der Kinder geht, müssen wir als Erwachsene Grenzen setzen. Gerade, wenn die Enkelkinder in unserer Obhut sind und die Eltern sie uns vertrauensvoll überlassen, sind die Grenzen klar und eindeutig zu setzen. Alle anderen erzieherischen Grenzen sollten vorsichtig und individuell nach dem Temperament des Kindes, seiner Stimmung, seiner Belastbarkeit und vor allem seinem Entwicklungsstand angemessen gesetzt werden.

O-Ton: *Mitten im Winter: Minusgrade und eine morgendliche Diskussion mit der vierjährigen Enkelin über die Kleiderfrage: »Ich will das Sommerkleid anziehen und Söckchen! Nein, keine Mütze, keine Handschuhe, die sind blöd!« Tief durchatmen! Die Großmutter: »Na bitte, dann schau mal, was machen wir denn? Es schneit heute noch! Wie wäre es, wenn du deinen Schneeanzug drüberziehst?« Okay. Das hat geklappt – und dann die diplomatische Frage: »Lieber die grüne Mütze oder die rosa?« Und siehe da, es geht mit der rosa Mütze.*

Vielleicht wird es leichter, wenn wir nicht nur im gegensätzlichen Denken verhaftet bleiben, sondern uns über mögliche Alternativen Gedanken machen. Alternativen anzubieten ist nicht nur beim Setzen von Grenzen oft sehr hilfreich, sondern generell dienlich zur Konfliktentschärfung. Bestimmt hilft es auch Ihnen als Großeltern, in bestimmten Situationen leichter gute Lösungen zu finden.

Eigene Grenzen und die der anderen achten

Neben den Grenzen, die man anderen Mensch setzen kann – und manchmal auch muss –, gibt es auch jene Grenzen, die die eigene Integrität oder Gesundheit schützen. Auch auf diese Grenzen müssen Sie als Großeltern achten. Ein klassisches Thema ist in diesem Zusammenhang die Frage, ob die Großeltern jederzeit und immer zur Verfügung stehen müssen, wenn die Kinder und die Enkelkinder sie brauchen. Hier kommt es oft zu Konflikten. Schauen wir genauer hin, sehen wir, dass es dabei um ein ausgewogenes Verhältnis der Bedürfnisse geht: In vielen Situationen sind die jungen Eltern in Bedrängnis und brauchen Unterstützung. Es ist gut, wenn sich die Eltern auf uns verlassen können. Doch Sie sollten in Ihrer Rolle als Großeltern selbstverständlich auch gut für sich selbst sorgen und Ihre eigenen Bedürfnisse berücksichtigen. Wenn das Gefühl entsteht, »ausgenutzt« zu werden, führt dies schnell zu Verstimmungen und Ärger. Die Erfahrung lehrt uns, dass der Weg zu Lösungen und tragfähigen Kompromissen darüber führt, die eigenen Bedürfnisse klar zu formulieren und Grenzen deutlich zu vertreten. Umgekehrt gilt es in einer solchen konfliktträchtigen Situation natürlich auch, die Grenzen der (Schwieger-) Kinder zu achten und respektvoll zu kommunizieren. Jede Grenze wirkt in mehrere Richtungen – so ist es auch mit dem Bedürfnis nach Nähe beziehungsweise Privatsphäre. Beispielsweise genießen sehr viele junge Eltern die Unterstützung der Großeltern. Andere wollen lieber erst einmal alleine ihren Familienalltag bewältigen. Sie sagen Nein und brauchen uns nicht. Diese Grenze gilt es dann zu respektieren und nicht ungefragt Hilfe aufzudrängen.

O-Ton: *Eine Oma erzählt, sie habe beim Hüten des Kindes den Schrank der Eltern mal »richtig aufgeräumt«. Doch die jungen Eltern haben sich darüber nicht, wie erwartet, gefreut, nein, es kam zum Streit. Die junge Mutter habe sich besonders geärgert und das Verhalten der Großmutter als Kritik empfunden, dass der Wäscheschrank nicht ordentlich sei.*

Der Streit war vorprogrammiert. Hilfreich wäre es gewesen, wenn die Oma vorher gefragt hätte. Sie vermeiden Konflikte, wenn Sie Ihre Hilfe vorher anbieten und sich erkundigen, ob und was Sie tun können – Formulierungen wie »Mir fällt auf…« oder »Kann ich etwas zur Entlastung beitragen?« sind hier sehr hilfreich!

TIPP

Offene Fragen stellen, die verschiedene Reaktionsmöglichkeiten zulassen:

Meist kommt es sehr gut an, wenn wir unterstützende Angebote machen, die eine Entscheidungsfreiheit lassen, etwa »Soll ich mich ums Essen kümmern?« oder »Kann ich beim Einkaufen etwas für euch mit besorgen?«, »Soll ich mich um die Wäsche kümmern?« oder »Sagt ihr mir Bescheid, wenn ich euch helfen kann?«.

Statt eines Nachworts: Großeltern stärken ihre Enkel

In den vorangegangenen Kapiteln ist es deutlich geworden: Sie als Großeltern sind enorm wichtig! Lassen Sie mich noch einmal kompakt und übersichtlich zusammenfassen, was Sie, Ihre Kinder, Schwiegerkinder und die Enkelkinder stärkt!

Was Sie alles leisten und bewirken

Sie prägen die Enkelkinder durch Ihr Dasein und Ihr **Vorbild**. Ihre sozialen Fähigkeiten eignen sich Ihre Enkel unter anderem an, indem sie sehen und erleben, wie Sie die Dinge des Lebens anpacken und bewältigen. Kinder erleben in solchen Großelternbeziehungen, wie man füreinander da ist und sich gegenseitig hilft – das gibt **Geborgenheit** und **Stärke**. Sie fördern die Enkel und unterstützen die Familien, wenn Sie verständnisvoll, zärtlich und liebevoll sind. Wenn Sie da sind, **sich Zeit für die Enkelkinder nehmen** und zuhören. Sie vermitteln ihnen dadurch **Sicherheit** und die Portion **soziale Anerkennung**, die allen guttut. Sie erkennen die besondere Einzigartigkeit eines Enkelkindes und fördern dadurch **Fähigkeiten** und **Talente**. Wenn Sie dazu ihnen darüber hinaus ganz viel zutrauen und nicht gleich alle Schwierigkeiten aus dem Weg räumen, dann entwickeln sich Enkelkinder selbstbestimmt und frei.

Das alles trägt zur Stärkung der Enkelkinder bei – und nebenbei stärkt es auch alle anderen Familienmitglieder, nicht zuletzt Sie selbst! Wie Sie wissen, haben Sie als Großeltern die Chance, das Familienleben mitzugestalten. Die lebendige Beziehung zu den Enkeln ist eine enorme Bereicherung und eine wunderbare Zukunftsperspektive.

Für Großeltern – ein Extra-Schatz

Viele Wege führen zum Glück – so auch zur zufriedenen, glücklichen Familie, in der Liebe, Verständnis, wechselseitiger Respekt, Rücksichtnahme und Empathie für alle Familienmitglieder herrschen. Als positive Botschaft möchte ich Ihnen noch etwas ganz Besonderes mit auf den Weg geben – so wie Sie Ihren Enkeln vermutlich auch häufig genug eine Wegzehrung zukommen lassen!

Die amerikanische Familientherapeutin Insoo Kim Berg[20], die einen sehr lösungsorientierten Ansatz vertritt, formuliert als Fundament ihrer Arbeit einige Grundannahmen für Eltern, Kinder und Lehrer, die ich ganz wunderbar finde, einzigartig und sehr hilfreich. Ich habe sie um die Perspektive der Großeltern erweitert. Es geht um die positive Haltung, darum, den Blick auf die Stärken der Kinder zu richten. Schauen Sie selbst!

Bis zum Beweis des Gegenteils glauben wir, dass alle Großeltern

- *stolz auf ihr Enkelkind sein möchten,*
- *einen positiven Einfluss auf ihr Enkelkind ausüben möchten,*
- *gute Nachrichten über ihr Enkelkind hören und erfahren wollen, was ihr Enkel gut kann,*
- *ihrem Enkel gute Chancen, eine gute Ausbildung und Erfolg im Leben zukommen lassen möchten,*
- *Hoffnung für eine gute Zukunft ihres Enkelkinds haben möchten,*
- *das Gefühl haben möchten, gute Großeltern zu sein.*

---

20 Berg, Insoo Kim/Shilts, Lee: ***Der WOWW-Ansatz. Handbuch für lösungs(er)schaffende Strategien im Unterricht***, Winterthur 2006

Sie sind als Großmutter und Großvater wichtige Lebensbegleiter für Ihre Enkelkinder!

Dank

Ich danke den vielen Großeltern, die mir mit großer Offenheit von ihren Erfahrungen und Erinnerungen berichteten und dieses Buch überaus bereicherten. Meinem Mediationsteam einen ganz besonderen Dank und ebenso den vielen Anregungen aus dem familientherapeutischen Kontext durch meine Freunde, Freundinnen und KollegInnen. Ich danke meiner Familie, besonders meinen Töchtern, die mich beim Schreiben des Buches mit vielen Ideen tatkräftig unterstützten, und meinen Enkelkindern, die mir immer wieder vielfältige und lebendige Erlebnisse bescheren. Ich danke meinen Lektorinnen Frau Gembus, Frau Augustin und Frau Oldenburg für ihre Anregungen und die vertrauensvolle Unterstützung.

Anhang

Literatur

Berg, Insoo Kim / Shilts, Lee: *Der WOWW-Ansatz. Handbuch für lösungs(er)schaffende Strategien im Unterricht*, Winterthur 2006

Bode, Sabine: *Nachkriegskinder. Die 1950er Jahrgänge und ihre Soldatenväter*, Stuttgart 2006

Bode, Sabine: *Die vergessene Generation. Die Kriegskinder brechen ihr Schweigen*, Stuttgart 2004

Bode, Sabine: *Kriegsenkel. Die Erben der vergessenen Generation*, Stuttgart 2009

Ende, Michael: *Momo*, Stuttgart 1973

Furmann, Ben / Weber, Mathias: *Meine zwei Zuhause*, Heidelberg 2016

Gandhi, Arun: *Wut ist ein Geschenk, Das Vermächtnis meines Großvaters Mahatma Gandhi*, Köln 2018

Großelternkurs des Deutschen Kinderschutzbundes: *Starkes Miteinander: Starke Großeltern – Starke Kinder*, Berlin 2010

Höpflinger, François: *Enkelkinder und ihre Großeltern. Intergenerationelle Beziehungen im Wandel*, Zürich 2006

Höffe, Otfried: *Die hohe Kunst des Alterns. Kleine Philosophie des guten Lebens*, München 2018

Kühn, Anneliese: *Mein Opa Karl Valentin*, Rosenheim, 2008

Mitscherlich, Alexander / Mitscherlich, Margarete: *Die Unfähigkeit zu trauern. Grundlagen kollektiven Verhaltens*, München 2016

Rosenberg, Marshall B.: *Gewaltfreie Kommunikation. Eine Sprache des Lebens*, Paderborn 2001

Rust, Serena: *Wenn die Giraffe mit dem Wolf tanzt. Vier Schritte zu einer einfühlsamen Kommunikation*, Burgrain 2007

Satir, Virginia: *Das Satir-Modell. Familientherapie und ihre Erweiterung*, Paderborn 2011

Satir, Virginia: *Familienbehandlung. Kommunikation und Beziehung in Theorie, Erleben und Therapie*, Freiburg/Breisgau 1973

Tammes, Barbara: *Pippa. Mein (halbes) Leben ist ein Ponyhof*, Münster 2017

Watzlawick, Paul: *Menschliche Kommunikation. Formen, Störungen, Paradoxien*, Bern 1974

Watzke, Ed: *»Wahrscheinlich hat diese Geschichte gar nichts mit ihnen zu tun…«. Geschichten, Metaphern, Sprüche und Aphorismen in der Mediation*, Bad Godesberg 2008

Zapf/Till, Jochen: *Ich bin für dich da!*, München 2017

Zinnecker, Jürgen / Behnken, Imbke /Maschke, Sabine / Stecher, Ludwig: *null zoff & voll busy. Die erste Jugendgeneration des neuen Jahrhunderts*, Opladen 2003

Zwenger-Balink, Brigitte: *Komm, wir finden eine Lösung! Training zur Gewaltprävention in den Schulklassen 1 bis 6*, München, 2014

Zwenger-Balink, Brigitte: *Komm, wir finden eine Lösung! Arbeitsheft für SchülerInnen*, München 2013

Hilfreiche Internet-Adressen

Wunschgroßeltern und soziale Großelternschaft

Wenn Sie sich für eine Tätigkeit als »Leihoma« oder »Leihopa« interessieren, können Sie in einer Suchmaschine nach folgenden Begriffen suchen, vielleicht auch in Verbindung mit Ihrem Wohnort:

- Wunsch-Großeltern
- Leihoma/-opa
- Großelterndienst

Eine andere Möglichkeit für ehrenamtliches Engagement bietet die Organisation Wellcome, die junge Familien im ersten Jahr nach der Geburt eines Kindes unterstützt: www.wellcome-online.de

Großeltern und (neue) Medien

- Kindgerechtes Surfen im Internet

Sehr verständliche Informationen bekommen Sie über Klicksafe. Die Seiten sind für Kinder wie für Erwachsenen eine richtige Fundgrube an wichtigen Tipps:

www.klicksafe.de

- Weitere Seiten, die sich an die Kinder direkt richten und so für Enkel gut geeignet sind, finden Sie zum Beispiel unter:

www.sicher-im-netz.de

www.schau-hin.info
www.blinde-kuh.de

- Sicheres Surfen: www.kinderserver-info.de

  Der sogenannte KinderServer sorgt dafür, dass Computer und mobile internetfähige Geräte mit wenigen Klicks in einen sicheren Surf-Modus für Kinder geschaltet werden können. Er kann kostenfrei heruntergeladen werden. Nach der Installation lässt sich der Internetzugang schnell in den kindgerechten sicheren Surf-Modus umschalten. Der passwortgeschützte Wechsel zurück in den Erwachsenenmodus macht den KinderServer dabei besonders familienfreundlich.

  Hinweise für den richtigen und sicheren Umgang mit dem Internet für Eltern, Kinder und Jugendliche finden Sie auch auf der österreichischen Seite www.saferinternet.at.

- Links für Großeltern und Enkel:

  Speziell Seiten für Großeltern finden Sie unter:

  www.grosseltern.de
  www.bagso.de
  und über Facebook: www.facebook.com/grosseltern.de

- Nützliche Infos zu kindertauglichen Apps: www.ene-mene-mobile.de

- gut für Kinder, aber auch in Bibliotheken auszuleihen: www.tigerbooks.de

- meine Lieblings-Apps (für Kinder ab etwa vier Jahren; Titel in die Suchmaschine eingeben):
  »Milli: Kleine Schnecke, große Welt«, *»Schlaf Gut Zirkus«*

- Verkehrsregeln lernen (ab etwa vier Jahren):
  »Die Ampelinis«

- weitere empfehlenswerte Apps:
  »Die Maus-App« (für kleine und größere Nutzer),
  »Die Elefanten-App« (für kleinere Kinder),
  »Die Sesamstraße«

- Fernsehen: *www.flimmo.de*

  Ein hilfreiches Portal für die Bewertung von Fernsehsendungen im Hinblick auf ihre Eignung für Kinder und Jugendliche ist Flimmo. Drei Kategorien zeigen eindeutig, für welche Zuschauer die jeweilige Sendung geeignet ist:

  - Für Kinder prima: Inhalte und Unterhaltungswert gut, Sinne und Emotionen werden angeregt

  - Vorsicht – mit Ecken und mit Kanten: meist problematischer Umgang mit Gewalt. Diskriminierender Umgang mit Geschlechterrollen, Zur-Schau-Stellung von Personen, die beleidigen und entwürdigen

  - Nicht für Kinder geeignet:
    Darstellung von Gewalt

Kinderschutz

- Der folgende Link führt zum Übersichtsplan der 27 Kinderschutz-Zentren in Deutschland sowie zu den Internetseiten der Beratungsstellen mit ihren Angeboten.

  www.kinderschutz-zentren.org

- Darüber hinaus können Sie sich selbstverständlich auch immer an das örtliche Jugendamt wenden!

- Eine weitere Möglichkeit, schnell erste Informationen und Hilfe zu bekommen, bietet das bundesweit erreichbare, gebührenfreie Elterntelefon unter der Nummer 0800-111 0333

- Entsprechende Angebote für Österreich und die Schweiz finden Sie unter

  www.oe-kinderschutzzentren.at
  www.kinderschutz.ch